禅と輪廻

達磨の無心と安心

側瀬 登　Gawase Noboru

北樹出版

目次

第Ⅱ編　仏教：流れからの解脱（モークシャ）――ブッダの教え（還滅逆観）

禅と輪廻——達磨の無心と安心

はじめに

◆達磨とブッダ

この書は、達磨が従った〝ブッダの道〟を辿ろうとする。〝ブッダの道〟とは仏教であり、達磨に従うとは、坐禅を組むことである。坐禅を組むことを通してブッダの指し示す道つまり〝悟り〟の道につらなろうとする。イミタチオ・クリスチ（キリストに倣《なら》いて）ならぬ、イミタチオ・ブッダである。これが、ブッダの道を達磨に従って自己自身において、完成させようとする見取り図である。これがこの書の目指したことであるが、覚つかないのはいうまでもない。

書名の『禅と輪廻』の「禅」は達磨のそれを意味し、「輪廻」は古代インドのサンサーラ〈流転・流れる〉を意味する。「輪廻」は時間において車輪が回転し続けて終りがないように、流転し、同じことが繰り返されてゆく。素朴な時間観であろう。

それに、「禅」ではストップをかける。〝時よ、止まれ〟である。時が動いていると思うから〝止まれ〟であり、それから離れる。だが、停止している、止まっているのであるなら、それをそれとして自覚したにすぎないのでないか。〝時々・刻々〟でしかないのを意識、記憶から、〝つらなる〟連続としたにすぎないのでないか。〝一刻〟でしかないものを、〝つらなり〟と夫々を関連づけ、〝つらなり〟と意識し・記憶したのでないか。そこから、それを逆に戻して、一点に集中しようとしている、さらにそこから出ようとしているのでないか。

　そうしたことで、通常では不都合がない。分ける方が不都合である。時として、病的ですらある。都合で生活しているので、そこから〝つらなり〟としている。

　道元は、これらのことを「つらなりながら時々なり」と端的に表現した。その前に、鴨長明は、「ゆく河の流れはたえずして、しかももとの水にあらず」と文学的に、比喩をもって表現した。ともに時の「連続性」と「非連続性」（「断絶性」）を表わしている、と考えられよう。さらに「ながら」と「しかも」で繋いでいる。仲介、媒介しているのである。

　そこで、素朴に時の過ぎゆくを再度考えると、朝、太陽が昇り、昼に天上に輝き、夕に西方に沈む。曇っていなければ、そういえる。それが一日であり、二四時間である。朝な夕なに一ヶ月があり、正月から一二月で一年があり、年号、世紀がある。歴史がある。いわずもがなである。細かくはさておき、基本的には、こういえよう。

　時を「つらなり」の連続と捉えている。これが素朴な時の把握であり、これを古代インドでは、車の輪が止むことなく、回転しつづけるように「輪廻《りんね》」とした。古代インドではこの把握が当然であり、代表的な時間把握であった。つまり時間を、流れのような「輪廻」（サンサーラ）とした理由が、この比喩にある。

　この時間思想の中で、ブッダ（ゴータマ・シッダルタ）は生れた。しかしブッダは、ここに多くの「苦」しみを見た。そこで、「苦」から脱出することを考えている。つまり、人が「苦」しみから何とか脱出できぬかと苦しみの只中にいる人々に添うていこうとした。それは自分のことでもあった。だから、修行の生活を始める。当時のバラモン教の教義の学習であり、修行である。

　この「苦」しみを「四門出遊《しもんしゅつゆう》」（「四門遊観」とも）という、古くからならわされている故事で簡単に見てみる。

わかり易さを第一とする。

あるとき、城の王子であるブッダは、「東門」から出てみると人々がいた。そこに杖をついた老人がいた。次に「南門」から出てみると病人、そして「西門」から出たときには、葬列の中に死者を見た。世の中に生きるということは、終極的に「苦」しみの中にいることを知る。つまり四つの「苦」しみ「四苦《しく》」は生、老、病、死にあることを知る。これを、人が生きるということは、苦であるということを知り、これを「苦諦《くたい》」という。「苦諦」とは、四つの苦「生《しょう》老病死」で、「四苦」の真理をいう。「苦諦」の「諦」（サチヤ　satya）は、真理のことを意味する。

では、結果したその「苦」の原因はどこにあるのか。原因を探ると、そこに「渇愛《かつあい》」すなわち、煩悩である「欲愛」「有愛」「無有愛」であることを発見する。

「欲愛」とは、食欲をはじめ、所有欲、生存欲、名誉欲……等々。当り前の競争のもと（原因）である。まず「欲愛」はこれを満たせないと困る。これを十分にしようと競争する。競争しないまでも負けまいと、優れようと努力する。

当り前で、今日では常識である。つまり、今日の我々の社会は、欲望競争の欲望社会といってよい。欲望は需要であり、需要を増大させるのが広告・宣伝であり、需要を刺激することで、供給を促し、生産を増大させ、豊かな社会となる。この経済的な豊かさが、まずは必須となるが、この豊かさが真に幸福とは限らない。必要条件だが、十分な条件ではない。時代、体制を問わない。現実の旧社会主義諸国も同様である。

次の「有愛」は、生存したい本能のことであり、さらに「無有愛」とは、それを否定する〝死にたい欲〟（タナトス）のことである。これら「欲愛」「有愛」「無有愛」のことを〝渇愛《かつあい》〟といった。この場合〝愛〟とは〝欲する〟ことをいい、〝渇〟とは〝喉《のど》が渇く〟ことをいうので、〝渇愛〟とは〝喉が渇くように欲する〟ことをいう。単なるそれを頭で知ることでなく、身と心で知ることが肝心である。

　では、その現実の前でどうすればよいか。まずは、原因を明らかにすることである。それで、その原因はどこにあるかといえば、「欲」にあり、「業」にある。この場合、渇愛は「欲」であり、「業《ごう》」である。「業」とは、行為のことで、身《しん》、口《く》、意《い》に発する。身体での行為、行動、口での言語行為、意思からの心の意図・意識をいう。ここに「集諦《じったい》」がある。

　「業」と「欲」により「渇愛」が生じるので、「渇愛」を滅することが求められ、「渇愛」がなくなれば、滅してしまえば「苦」もなくなる。「苦」を起こしている原因のもとを絶てば、苦もなくなる。ここに、「滅諦《めったい》」がある。そのためにどうすればよいか。それが実践行為である修行の道である。これが、「道諦《どうたい》」である。ここに「苦諦」「集諦」「滅諦」「道諦」の四つの真理があり、これを「四諦《したい》」（「四聖諦《ししょうたい》」とも）という。略し合わせて「苦集滅道《くじつめつどう》」という。

　この「四諦」は、「十二因縁」として、詳らかにされる。あるいは「十二因縁」を「四諦」と簡単に説いたともされる（山口益）。すなわち「十二因縁」の「愛」（渇愛）、「取」（執着）、「有《う》」（生存）による「生《しょう》」（誕生）は原因（「集諦《じったい》」）に相応し、その結果は「老死」に相応する。そこで「老死」を克服するため、その原因を滅し、（「無明」の）、「生《しょう》」なきに縁《よ》り「老死」なし、となる。「生《しょう》」の生れるもとに遡ると「無明」という根本的無知に至る。だから「無明」を滅した明知で根本的無知もなくなるのだから、明知すなわち悟りを得なければならない。この明知すなわち悟りを得るためガイドしようとした、見取り図が本書である。

　「坐禅」も、その一つである。ブッダ、達磨、道元の禅も真に知り、「集諦」を明らかにして、それを滅尽していく「滅諦」のことで、その実践「道諦」である。

結果、辿りついたのが〝達磨の道〟である。〝ブッダの道〟は、〝達磨の道〟に至る。達磨の「西来意《せいらいい》」つまり、何故に達磨はインド、西方からはるばる中国に来たのか。その意味は何か、その禅での問い「西来意」は、結論だけ私なりにいうと、それ「西来意」は、ブッダの道を完成させること。即ち、理屈だけ（法、縁起だけ）でなく、現実、実際とのズレを埋めることでなかったか。それは、ブッダが悟った、つまり煩悩を〝吹き消すこと〟（ニルバーナ）（涅槃）の後に、修行（坐禅）したことの意味でなかろうか。そう、阿含（アーガマ）にあることでないか。理論家ブッダは、確証をうるため、実践、修行に入ったのではなかろうか。ブッダ自身だけのことか。自身だけでなく、地上に生きる人間すべてに確証できることか・どうかの問いでなかったか。そう思われそう解釈できる。

達磨の「西来意」の問いは、〝はるばる西方のインドから中国へ（海路でか）入り、梁《りょう》の武帝との問答を経て、崇山《すうざん》・少林寺で面壁九年、（坐禅九年）法を二世慧可に伝えた〟とされる伝承は本当か。達磨は西方から来て、その意味は何だったのか。問題は、その意味であり、それを問うているのであろう。

端的に、達磨の「西来意」の意味は、仏教を完成させるためであり、その確証を中国で得たいためであろう。西方のインドから、（海を渡って）中国へ来たのは、達磨がブッダから得たこと、教えをより普遍的なものとして、確証したかったためであろう。そう思われる。

ブッダは、只今も修行中である、といわれる。悟後の修行ともいわれる。おそらく完成しないであろう、とも思われる。完成しなくとも無駄ではない。途上にあって結構である。偉大な先達がいたことで結構である。それ以上に何を望むことがあろうか。完成させるのは〝あなた〟であるのだから。

◆ブッダの悟後修行は坐禅

仏像がある。ブッダの像であるが、多くは坐像である。坐っているブッダの像は、足を組んで手を組んで正座している。この仏像は達磨の坐像に似てはいまいか。今の私には、ダルマさんは、仏さんの坐像であるように二重写しである。そう思われて仕方ない。飛躍という人がいるかもしれない。そうかもしれない。しかし、私には仏の坐像は、達磨の坐像と二重に写って仕方ない。

悟った後の修行は、ブッダが確証を得たいこと、後世の誰かに託したことでないか。多くの坐禅を組む人の心にあることではないか。普く人に実現してほしいことではないか。その先達なのが、トップランナーの達磨ではないか。

◆長明と道元

時は過ぎゆく。とめどなく過ぎゆく。そのように、それは川の流れのようである。「ゆく河のながれはたえずして、しかももとの水にあらず。よどみにうかぶうたかたはかつきえかつむすびて、ひさしくとどまる事なし」と書き出されていた鴨長明『方丈記』を彷彿とさせる。

河の流れは、つらなっている「連続性」といえそうだ。それに対して「非連続性」は、「もとの水にあらず」である。「ゆく河のながれはたえずして」は、「連続性」にあり、「もとの水にあらず」は、「非連続性」である。その間に「しかも」がある。「しかも」は「連続性」と「非連続性」をつなぐ「媒介性」である。この「媒介性」は、「……ながれはたえずして」と「もとの水にあらず」とを媒介している。橋わたししている。つまり、「河のながれはたえずして」は「連続性」で、「しかも」は「媒介性」であり、それによって「もとの水にあらず」の「非連続性」にある。そういえよう。河の流れ「連続性」は、「もとの水にあらず」という「非連続性」にある。その間に「しかも」の「媒介性」がある。

この文章は、鎌倉時代に生きた鴨長明（一一五五～一二一六年）による『方丈記』（一二一二年成立）にある。

これを彷彿とさせる文章に「つらなりながら時々なり」という言葉が、道元（一二〇〇～一二五三年）によって遺されている。これを分けると、「つらなり」「ながら」と「時々なり」になる。性格づけると、

「つらなり」は「連続性」に、

「ながら」は「媒介性」に、

「時々なり」は「非連続性」に、
相応しないだろうか。つまり「連続性」をもちながら「媒介性」を経て「非連続性」にあると。

「つらなりながら時々なり」は、道元の『正法眼蔵』有時の巻にある。ということは、道元と鴨長明は、ほぼ同時代で時間において共通の思想を表現しているといってよいであろう。なお、細かくは『方丈記』は一二一二年に成立しており、道元『正法眼蔵』の有時の巻は、それ以後に少なくとも書かれたと見られる。

◆禅と念仏

仏教は、日本の現在で大きく時をめぐって二つの道があるように思われる。すなわち、時を最大限尊重して時の中に〝ある〟こと、他は時ではなく、空間を最大限尊重して空間の中に〝ある〟ことの二つである。時間と空間のいずれを尊重するかで二つの道がある、といえそうに思う。

つまり、時間の中に〝ある〟は、時間との対決であり、時間の克服で、具体的には、「禅」（dhyāna）であり、「止観」（『摩訶止観』の止観）である。

他方、空間の中に〝ある〟は、空間の中に絶対者を求めることである。具体的な代表例は「阿弥陀仏」（Amitābha）を本尊とし、その絶対者に救いを求め念仏をする。名号をひたすら、一向に唱えて西方《さいほう》に極楽をこい願う。慈悲にすがって己を無にし、いちずに切にたよる。ひたぶる（一向）に、往生することを唱名して信じ願

う。

時間と空間で、時間は「禅」となり、空間は「浄土」と対応している。そう今は区分しておく。そうすると「禅」は時間を問うことから、その一瞬を問題にする。「自力」につとめる。それに反し「浄土」は空間を問い、この世界をけがれた穢土《えど》として、そこから厭《おん》離し、異なったきよらかな国、浄土を、西方にこい求める。欣求浄土《ごんぐじょうど》する。清浄な菩薩、仏の住むという国土・浄土をこい求める。「他力」となる。

第Ⅰ編　時間：流れのような輪廻（サンサーラ）

――古代インドの時間（流転順観）

第一章　ウパニシャッド「五火二道の輪廻説」
第二章　ウパニシャッド今一つの輪廻説
第三章　知識の起源と推論

第一章　ウパニシャッド「五火二道の輪廻説」

第一節　アーリア人の南下

アーリア人が南下してから、インド文明の主流を形成するまでをまずは概観してみたい（そのために関連する諸著を使用させていただいた）。

アーリア人は中央アジアから南下して、インダス川流域のインダス文明を武力で征服した。そののちアーリア人は、インダス川流域からインド亜大陸を横断するように東方へ向い、ガンジス川流域に移動する。なお「アーリア」（Ārya　アーリヤ）とは「高貴な」の意で、後にナチズムに悪用されたのは周知のとおりである。

◆インダス文明

武力で征服されたインダス文明は、いうまでもなく四大文明の一つで、紀元前三〇～一五世紀に栄えた都市文明であった。ハラッパー、モヘンジョ・ダロなどの遺跡から、その文明がうかがえる。城壁をもち、土器それに銅、青銅器から、滑石（タルクで軟らかい石）による印章を使用した市民社会である。モヘンジョ・ダロ出土の印章の中には、坐像である結跏扶坐する人物と象など動物との図柄も認められ、ヨーガとその後の坐禅の姿もうかがわせる。そこでは農耕と牧畜が営まれていた。ハラッパーからは絵文字（ピクトグラフ）で、未解読であるが、「インダス文字」も確認されている。使ったのはどうやらドラビダ系の人々らしい。

紀元前二〇世紀頃にインダス川が氾濫して、都市全体が埋没してしまう。さらに、アーリア人が侵入して武力征服し、ここにインダス文明は完全に消滅したとされる。

◆ガンジス川への移動

アーリア人は、おそらく紀元前一五世紀頃、インダス川流域のパンジャーブ（「五つの川」の意から五河地方）地方に定住していたのだが東方へ移動を開始する。ジャムナー川とガンジス川（ガンガー）との中間にある肥沃な平原を占拠するに至る。比較的呪術など文化的優越性から平穏な占拠だったらしい。この地を「クルの国土」といい、肥沃で農耕適地なので、牧畜狩猟よりむしろ定住しての村落社会を形成していった。村落は農耕中心により閉鎖的で代々続く大家族、氏族制農耕社会であって、その纏まりのため司祭者が力を強めた。そこで、「バラモン教の文化を完成するに至った。ヴェーダ（Veda、ベーダ）聖典が編纂されたのもこの時代においてのことであった。したがってこの地方は後世バラモン文化の聖地と目されている。」（中村元『インド古代史　上』八一－八二頁）。

以上までをまとめるとアーリア人は中央アジアから南下して、インダス文明を滅ぼし、そののち東方へガンジス川流域に移住して、氏族制農耕社会を作り、その安定した村落で司祭者が人心を結束するためなされたのがバラモン教でベーダ聖典の編纂も行なわれ、バラモン文化が花開いた。

そこで遡って、「インド文明の主流」を形成したアーリア人のそれまでの歴史を辿ってみたい。

1　原始アーリア人

◆原住地

アーリア人が南下する以前はどうであったか。その原住地は諸説あり定説はない。ただ有力なのは、コーカサス山脈の北方らしい。コーカサス山脈とはカフカス山脈ともいい、黒海とカスピ海の間を走る山脈で、長さは約一一〇〇キロメートルに及び、高さは五〇〇〇メートル級の峻嶺もあり、万年雪と氷河におおわれている。歴史的にアジアとヨーロッパの境界と考えられてきた。シルクロードが草原ルートとして中央ユーラシアを走り、モンゴルなど遊牧民が活躍する舞台でもあった。この南下以前のアーリア人を「原始アーリア人」（または「原始インド・ヨーロッパ人」）と称する。「原始アーリア人」は、遊牧生活から農耕生活への移行を示している。というのもインド・ヨーロッパ諸民族の間で、遊牧に不可欠の家畜の名前が類似しているのに反し、農耕に不可欠の農産物（大麦、黍《きび》）の名前が異なっているから、という。

◆原始アーリア人の社会と宗教

原始アーリア人の社会は、一般に父権的な大家族を構成し、それらが集まり氏族を形成し、さらに部族となり、この部族を王が統治して、戦争などで外敵に備えたと考えられている。

原始アーリア人の宗教は、自然崇拝で、自然である空、太陽、月、曙、火、風、水、雷鳴が「神」と映った。それら神々を畏《おそ》れ敬い、恵を乞うた。「神」とは、インド・ヨーロッパ諸民族には「輝く者」という意味をもつが、インドにおける「天の神」（Dyaus　ディヤウス、ディアウス）は、ギリシアの「ゼウス」（オリンパス山の主神

deus、天空　Zeus）に相当し、ローマの「ジュピター」（Jupiter　主神・天空神ユピテル）に当る。「天の神」ディヤウスのように、最高絶対者が天にあるという思想は、もともと原始アーリア人にあった。ただ、バラモン教の聖典「リグ・ベーダ」に認められるのは、「地の神」プリティヴィーと共に「天地両神の歌」としてである（『リグ・ヴェーダ讃歌』辻直四郎訳、七六頁）。

2　原始アーリア人の移住

◆ヨーロッパ移住とアジア移住

原始アーリア人は、ある時期（紀元前一七世紀頃か）に、旱魃、人口増加などの理由から草原の原住地から移動を開始した。アーリア民族の幾つかの部族は西方に向い、ヨーロッパに定住した。現在のヨーロッパのケルト人、ゲルマン人、スラブ人、イタリア人、ギリシア人などとなった。

原始アーリア人の他の幾つかの部族は、アジアに移り、「インド・イラン人」となり、遊牧・農耕の生活をおくった。それが再び移住を開始し、一部はイランに入った。というのもイランの宗教・ゾロアスター教の聖典「アベスター」（「アヴェスター」）の最古層をなすガーサの言語は、インドの「リグ・ベーダ」の言語（ベーダ語）に非常に類似している。つまり、両聖典に、神名や祭礼の術語で共通のものが多く、宗教を共にしたことは疑う余地がないとされる。インドとイラン人が共に生活した「インド・イラン人」の証しとされるのである。

「ヨーロッパ諸民族とイラン人およびインド・アーリア人さらに西アジアの過去の民族との間に密接な言語上の血縁関係の存することを発見したのは近代人文科学の部門における最も大きな発見の一つである。これらの諸言語はインド・ヨーロッパ語族という名のもとに総括されている。」（中村『インド古代史　上』五四頁）。

また、西北インドの人々は骨格が西洋人と類似しているとされる。

第二節　カースト

◆カーストの萌芽

カースト成立の萌芽が「リグ・ベーダ」の時代に見られる。カーストは四姓制度（四大バルナ）で、四種の血統による「生れ」（Jati　ジャーティ）で序列づけられ、多く職業が世襲される社会集団のことをいう。自然の神々を崇拝、継承して、神秘的な霊力を認め、呪い祈りを扱う家系は、社会組織からは代々引き継がれ、バラモン（司祭・僧侶）となり、外敵から家族―氏族―部族を守る王、武人は、クシャトリア（王・武士）となり、主産業の農耕を司る農業者を中心とした人々は、バイシャ（ヴァイシャ　庶民・農牧民）となり、先住の原住民は被支配者として隷属する、スードラ（シュードラ　隷民・一生族）とされた。それがほのかに「リグ・ベーダ」の「プルシヤ（原人）の歌」（10―90）に見える。すなわち、太初において神々が原人《プルシャ》を犠牲獣として祭式を行なったときに「彼の口はブラーフマナ（バラモン、祭官階級）なりき。両腕はラージャニア（王族・武人階級）となされたり。彼の両腿《もも》はすなわちヴァイシャ（庶民階級）なり。両足よりシュードラ（奴婢階級）生じたり。」（ラージャニアは後にヴァイシャという）（『リグ・ヴェーダ讃歌』辻訳、三二〇頁）。つまり、「口」と「両腕」と「両腿《もも》」と「両足」の四部分に、カーストの四大バルナ・四姓を擬えて説明したのである。その際、「口」は「ことば」であり、「ことば」は知ったところの「知識」である「ベーダ」と解されよう。それで、この言葉はカーストを権威づけるための典拠とされた、という。

なお、原人《プルシャ》とは原初の人間とされ、アートマン（個我）のことで、後のサーンキヤ哲学では純粋な精神をいい、行為を意味するプラクリティと対をなす。プラクリティは原質、根本物質などと訳される。

原始の人間であるプルシヤ（原人）は、また巨大でもあって、その巨大なプルシヤが解体して宇宙が展開したという起源の説明もなされる（巨人解体神話）。これは、他の起源説である「宇宙開闢の歌」とは一線を画する。

◆プルシヤ（原人）とプラトン「三部分説」

また、「口」は〝頭〟に、「両腕」は〝胸〟に、「両腿《もも》」は〝腹〟に接する。とするなら、後の古代ギリシアにおけるプラトン（紀元前五世紀）『国家』（Ⅳ、Ⅸ）での「三部分説」を考えさせる。すなわち、それは三階層で、理性、気概、欲望のことで、夫々を担う哲人、軍人、生産者で、かつ三つの徳、知恵、勇気、節制が求められ、それらが総合されての正義が行なわれての四元徳（四基徳 cardinal virtues）のことである。

つまり、結びつけると、「口」は、頭→（理性の）知恵→哲人に相当し、「両腕」は、胸→（気概の）勇気→軍人に当り、「両腿《もも》」は、腹→（欲望の）節制→生産者へと類比的に整理できよう。また、三部分に限るなら、昆虫の頭、胸、腹の三部分構成という定義と、そのアナロジーも見られる。

ただ、バラモンと古代ギリシアの両世界に共に奴隷階層があった。すなわち、バラモン世界に隷民・スードラとアウト・カーストであるアチュート、そして古代ギリシアでは市民以外でアウト・シティズン out-citizen とも称し得る奴隷たちの存在であった。

◆プルシヤとアンドロギュノス

また、プルシヤは男性原理なのだが、このプルシヤから女性原理のヴィラージュが生れ、ヴィラージュからプルシヤが生れたとして循環発生が説かれもする。すなわち「彼よりヴィラージュ生まれたり。ヴィラージュよりプルシヤ〔生まれたり〕。彼生まるるや地界を凌駕《りょうが》せり、後方においても、また前方においても。」（「プルシヤの歌」10－90）。

プルシヤとヴィラージュは循環発生でもあるが、男性原理と女性原理でもあり、このことを男女両性を合わせもつ「アンドロギュノス」と解する説明もある。すなわち「プルシヤは自分自身を男と女に半分ずつ分けて交わり、さまざまな生命体を産んだ。」（ウィルキンソン『世界神話伝説図鑑』大山晶訳、一九一頁）。

アンドロギュノスは両性具有のことで、一般に多くの神話で始源の状態をこう表わし、「原初の全体性」を象徴すると考えられているという。このプルシヤでも同様といえようか。

そうすると、アンドロギュノス（両性具有）は、プラトンの『饗宴（シンポジオン）』（鈴木照雄訳、189d-192a）での「男女《おめ》・アンドロギュノス」を思い出させる。

それによると、その昔、人間の種類は三種で、「男」「女」に「男女《おめ》」があり、「男女《おめ》・アンドロギュノス」は、男女一体の球形で、手四本、足四本、耳四つ、顔二つをもち、手足八本で回転前進し、性質は男が太陽の、女が大地の、そして「男女《おめ》」は月の、夫々子孫であり、月は太陽と大地を分有しているように「男女《おめ》」も「男」と「女」を分有していた。その「男女《おめ》」の心は驕慢《きょうまん》で、神々に刃向ったので、ゼウスは二つに切り離し、切った。その跡をきんちゃくのように結んだのが臍《へそ》と呼ばれている、という。離された自分の半分を求めて一身同体になろうと熱望したが、ままならず、のちゼウスがこれを憐れみ、生殖を行なわせた。これが恋（エロース）で、人々のうちに植え付けられているものだという。男女の異性を求める理由とする。

他の「男」は男男で、同性を求めもっともすぐれているとし、歴史上のシーザー、ネロ、信長はよく知られる。

また「女」は女女で、同じく同性を求める、という。古代ギリシアの女性詩人サッフォーで有名になる。それらは今日いう、男色・ゲイであり、レズビアンであろう。

なお、アンドロギュノス（両性具有）は文化的特性を表わすのに対し、性器（セックス）の兼備はヘルマフロディスト（半陰陽）として区別されるが、混同使用も多いという。そこで整理して再説する。

つまり、「口」と「両腕」と「両腿《もも》」と「両足」の四部分で、カーストの四姓を擬えて説明したのである。その際、「口」は「ことば」であり、「ことば」は知ったところの「知識」である「ベーダ」と解されよう。整理する。「口」は〝頭〟に、「両腕」は〝胸〟に、「両腿《もも》」は〝腹〟に接する。とするなら、後の古代ギリシアにおけるプラトン（紀元前五世紀）『国家』での三分類（それは三階層で、理知、気概、欲望を担う哲人、軍人、生産者で、かつ三つの徳、知恵、勇気、節制が求められ、それらが総合されての正義が行なわれての四元徳（四徳、四基徳 cardinal virtues）である）を連想させる。

つまり、「口」は、頭→（理知の）知恵→哲人で、「両腕」は、胸→（気概の）勇気→軍人となり、「両腿《もも》」は、腹→（欲望の）節制→生産者へと、類比的に整理できよう。また三分では、昆虫の頭、胸、腹の三部分構成という定義とのアナロジーも見られる。Ask nature、であろうか。

ただ、両世界に共に奴隷階層があった。スードラとアウト・カーストのアチュート、それに支配された奴隷たちである。

◆ドラビダ人とタミル語

「インド文明の交流」を形成したのはアーリア人であったが、かつてインダス文明を築いたのがドラビダ人で、そのドラビダ人はアーリア人に武力で征服された。そして、アーリア人は南下した。

また、アーリア人が東方へ進み、ガンジス川流域で征服したのもドラビダ人であった。インドの人口は九億六〇〇〇万人程（一九九八年現在）で、そのうちインド・アーリア系が七二％、ドラビダ系が二五％などとなっている。そのおよそ二五％を占めるドラビダ人は、インド南部とスリランカ北部に居住して、ドラビダ語族の言語を話す人々の総称であるが、そのドラビダ語族のタミル語は数ある地方公用語の一つである。ちなみに、インド全土の公用語はヒンディー語で、準公用語は英語である。

◆タミル語と日本語

「日本とは何か」を「言葉」から追求した人に、大野晋博士がいる。古代日本語は、南方のイモ栽培文化の原語に、高句麗のアルタイ語、それに雑穀栽培と機械文化をもたらした原タミル語の三つが重なって成立したものだ、という説を展開した。三つの重層化した一つの層に「原タミル語」があり、ドラビダ語族と日本語起源との関連を示した説である。著書に『日本語の起源』『日本語の年輪』『日本語について』があり、また『日本語練習帳』はベストセラーになった。なお『岩波古語辞典』の編集者でもある。

さらに、こうも仮説として大野博士は述べる。

「日本には縄文時代にオーストロネシア（＝南島）語族（筆者注・南方のポリネシア等を含む諸語の総称）の一つと思われる、……言語が行われていた。

そこに紀元前数百年の頃、南インドから稲作・金属器・機織《はたおり》という当時の最先端を行く強力な文明を持つ人々が到来した。その文明は北九州から……東日本へと広まり、それにつれて言語も以前からの言語の発音や単語を土台として、基礎語、文法、五七五七七の歌の形式を受け入れた。そこに成立した言語がヤマトコトバの体系であり、その文明が弥生時代を作った（その頃、南インドはまだ文字時代に入っていなかったので、文字は南インドから伝わらなかった)。

寄せて来た文明の波は朝鮮半島にも……及んだが、中国の……影響が強まり、南インドとの交渉は薄れて行った。しかし南インドがもたらした言語と文明は日本に定着した。

その後紀元四・五世紀に日本は中国の漢字を学んで、文字時代に入り、漢字を万葉仮名として応用し、紀元九世紀に至って仮名文字という自分の言語に適する文字体系を作り上げた。」(大野晋『日本語の起源』二四四頁)。

なお、日本語学会編『日本語学大辞典』では、日本語系統論として、次の仮説が紹介されている(七八頁)。日本語は「重層語」であるとして二説あり、①日本語はオーストロネシア諸語を基層、アルタイ諸語を表層として形成された言語、他説は②両者の混淆または混合言語であると。

一方、「混合言語」であるとして、「日本語がアルタイ諸語(その可能性が高い)とオーストロネシア諸語の混合言語であると述べる。」(コムリーほか)。

第三節　天地創造

◆宇宙開闢

『リグ・ベーダ』に、「宇宙開闢の歌」(10-129)という「宇宙の本源を絶対的唯一物に帰している」讃歌がある。「リグ・ベーダの哲学思想の最高峰」とされるものである。その「宇宙開闢の歌」は冒頭にある「無もなかりき」(nāsad āsit)から「ナーサッド・アーシィア讃歌」とも呼ばれている(『リグ・ヴェーダ讃歌』辻訳、三二二頁)。

何故、「宇宙開闢」という少しなりとも合理化されたとはいえ、呪術的、祈願的にして宗教的でかつ神話的な物語に注目するのか。人々がそこまで生きてきて、天災に遭い、野獣など外部侵入者に遭い、そこを切り抜けてきた経験の知識蓄積と対処の智恵と、それらへの説明を長年にわたり織り重ね、そしてそれらが以後の対処思考の中心軌道をなしたのでないか、と考えるからである。思考の基本レールの端緒に注目したいのである。

◆創世記、アベスター、記紀、ビッグ・バン

そこで、「宇宙開闢」というなら、主にセム語族による文献上つまり〝言い伝え〟〝書き伝え〟で、「記録」と「口碑」（口承）で、イスラエル（ヘブライ）人の旧約聖書のモーセによる「創世記」（紀元前一四世紀頃）がある。

また、古代ペルシアのゾロアスター（ツァラトウストラで、ニーチェの書名に出る）による聖典「アベスター」（紀元前一〇世紀とも、紀元前六世紀とも。アベスターによる編纂は六世紀）がある。ゾロアスター教は二元論で、主神のアフラ・マズダと悪神のアフリマン（アングラ・マイニイ）との対立・闘争として展開され、アフラ・マズダの化身にミトラ（太陽神）があり、拝火教・祆教《けんきょう》（中国）ともいう。祭司階級をマグ magi といい、英語 magic の語源となった。ダフメ（沈黙の塔）での鳥葬・風葬が有名でパールシーの間に今も残る。ター夕財閥はこの出身。

日本では、『古事記』（七一二年）の冒頭「あめつちのはじめの時」にして、『日本書紀』（七二〇年）の「開闢之初」がある。初めは一種の混沌で、そこに天地が分かれ、地に国土と生命が兆し、イザナギ、イザナミの夫婦創造神がそこに働き、天照大神、素戔嗚尊《すさのおのみこと》を生む。第一子の長女、天照大神は太陽神にして皇室の祖神とされ、伊勢の内宮に祀られる。その弟、素戔嗚尊は根の国の支配者にして出雲神話の祖神とされる。

また、宇宙開闢論としては、宇宙天文学からビッグ・バンなど科学で約一三七億年前からなどと意識の誕生も含めて、今日知り得る限りでの知識、学説もある。それらは、それで別途考えられねばならない。

1 リグ・ベーダの宇宙開闢

ここでは、輪廻思想が体系的に成立する「ウパニシャッド」の前段階として、『リグ・ベーダ』ではどのような思想としてあったのかを整理し、考察してみたいのである。

そのために、『リグ・ベーダ』の「宇宙開闢の歌」を見、次に「天地両神の歌」を、そして「アグニ（火神）」「普遍の火」を見ておきたい。「父子相続」の一種の通俗説も経てではあるが、それらによって「五火二道」の輪廻説における「五火」の意味するところを探りたいのである。だが「五火二道説」はいわば原形で、それを承けて輪廻思想が展開するのである。

◆「宇宙開闢の歌」

まず、第一に先に触れたように「リグ・ベーダ」の哲学思想の最高峰を示すという「宇宙開闢の歌」では、宇宙の本源を絶対的な「唯一物」に帰している。この「唯一物」出現の前には、何もなかった。「無もなかりき」(nāsad āsit) であった。勿論「有もなかりき」で、空も、天上も、死も、不死も、昼も、夜も、太陽も星座もなかった。そこに「深くして測るべからざる水」（原水）の動き、「唯一物」が呼吸していたのみだった。水波のみはあったが、「唯一物」は「熱の力」（タバス）で出生した（タバスについては「タバスの歌」、高崎直道「ウパニシャッドの哲学」講座・東洋思想1参照）。「唯一物」に「意欲」が現われ、それは「意」（思考力）の第一種子（最初の出生のことか?）だった。詩人たち（霊感ある聖仙ら）は、それを心にあるとし、有の起源は無にあるとした。詩人たちによれば、そこに男性力あり、女性力あり、とした（第二次的創造とする）。かくなるを誰が知ろうか。だが、現象界の出現である創造はなされる。神々の出現は、この創造の後のことである。「しからば誰か〔創造の〕いずこより起りしかを知る者ぞ。」「この創造のいずこより起こりしや——最高天にありてこの〔世界を〕監視する者のみ実にこれを知る。あるいは彼もまた知らず。」

◆「天地両神の歌」

続いて、「天地両神の歌」に移る。天神はディヤウスであり、地神はプリティヴィーと称される。ディヤウスは「天」「日」を意味し、特徴は父性にある。時にアスラ・牡牛といわれる。対するところのプリティヴィーは「地」の母性で、時として牝牛である。両神は神々の親ともいわれ、神々のみならず一切の親として、万物を保護し、万物に恩恵を与える。しかしギリシア神話の「ゼウス」のように「父なる神」として絶対的な神界の王座を占めたことはなく、ベーダ以後に衰えていったという（『リグ・ヴェーダ讃歌』辻訳、七七頁）。

「ゼウス」に見られる父性絶対の文化と「プリティヴィー」に見られる母性強固な文化との対照がここにはあり、以後の文化特性が端的である。

◆「アグニ」（火神）「普遍の火」

最後に第三の「アグニの歌」に移る。アグニは火を意味して、神話化された「火神」となる。讃歌の数は『リグ・ベーダ』全体の中で、インドラに次ぎ、約二割を占める。

ちなみにインドラは帝釈天・雷霆神で、アーリア人の守護神にして金剛杵《しょ》（きね型の武器だが、電撃を意味する。金剛はダイヤモンドのこと）で悪魔を退治して、水と光明を人間界に放出した。帝釈天は仏教に入り、仏教の四方守護神である四天王（持国天、増長天、広目天、多聞天）を部下にもつ。このように、日本仏教に伝えられている。

讃歌の数では二番目のアグニの歌だが、火が太古において人類にとり、いかなるかを語る。家にある炉の火で殺菌、調理し食材を適食にすることは、魔類の焚殺《ふんさつ》で浄火力であり、生きるための大いなる力であった。それで「力の神」ともいう。

この火は二個の木片（アラニ）の摩擦によって生じることは、他の古代人と同様に『リグ・ベーダ』時代のインド人にも知られていた。木片だけでなく、石片（火打石）の強打によっても、また火は生れるので、木、石にも火は潜み、さらに人体にも忿怒の火などとしても潜み、なお太陽（日）、雷（電、稲妻）、月、星（座）にもまた「光明」、「熱の力」（タバス）にも潜むものとして、至るところに見出された。念のため地にも潜む。火山のことで、摩擦法を知らないときの採火法であった。

「普遍の火」（アグニ・ヴァイシュヴァーナラ）は万物に普く存在するところから唯一神ともされ、アグニ一神が万物に種々相をとっているともされた。このことは「後のウパニシャッドの一元思想へと進む一契機をはらんでいる。」（辻直四郎『インド文明の曙』六二頁）。ここで「一元思想」とは、のちの「梵我一如」の「梵」（ブラフマン）のことである。帰一思想ともいう。

アグニである火は唯一つの神、唯一神なる火神アグニとされたが、それは先述のように種々なる相をとる。即ち、木、石、体内と大地、それはまた日中の「光明」である太陽神スーリヤ、朝明け・夜あけ、サン・ライズ（曙の女神ウシャス）、夕焼け・日没、サン・セットに潜んでいたところの火神アグニの顕在化とする。「アグニの歌」の一節を引用しよう。

「ここにかしこに燃えたつも、火は唯一つ。なべてのものにゆきわたる日もまた一つ。世界あまねく輝かすウシャス（曙の女神）も一つ。唯一のものの拡がりて、すべての世とはなりにけり」（8-58-2、辻『インド文明の曙』九二頁）。「火」（古形はホ）は「日」と同音としても別語とするのは今日の常識だが（広辞苑、岩波古語辞典など）、古代人には、太陽の「日」は「光明」のみならず、ものを焼き、燃やすものの「火」としたのも、またそれほど無理はない、と推察される。それどころか、太陽のエネルギーが原子核反応によると知るなら、むしろ今日の常識的区分（分別）の表面的なことを知る。

以上のように、『リグ・ベーダ』の中に、「宇宙開闢の歌」「天地両神の歌」「アグニの歌」（と「普遍の火」）の讃歌を探ることで、やがて『ウパニシャッド』で「輪廻思想」の前段階である「五火二道」の輪廻説を準備していった思考を明らかにできたであろうか。「五火二道」の輪廻説の「五火」とは簡要に表わせば、インド人にとり〝生命は現世のみでない〟ので、死後アグニのもと火葬されても「天」に昇り、のち月みち「雨」となり、「地」に降り、作物を育て、食物で「男」に入り、その精子は「女」の母胎に宿り、再生するというもの。死後にまたも再生する循環である。死は耐えがたく恐ろしかったのだが、それで少しなりとも安らげたのであろうか。

2　ウパニシャッドの「五火二道」

以上のものを整理してみると、「五火二道」の「五火」は「火」アグニが、「五」である、「天地両神」の「天」と「地」と「宇宙開闢」の「原水」は「雨」、「男性力」は「男」、「女性力」は「女」へと関連づけることができ、結局のところ「五火」は「天」「雨」「地」「男」「女」なので、断片的とはいえ要素は揃っていったといえよう。舞台の一場の役者は揃っていった。パーツである部品は揃ったので、残るは組み立て作業といえよう。

3 ヘラクレイトスとニーチェ

ここで、ヘラクレイトスとニーチェについて触れておきたい。

◆ヘラクレイトス

ヘラクレイトスは古代ギリシアの紀元前六〜五世紀に生きた哲学者で、万物の根源（アルケー）は「火」であると説いた。〝万物は火の代物であり、火は万物の代物である〟とし〝太陽は日ごとに新しい〟と説明する。万物は生成流転して止まないパンタ・レイ（万物流転す）であるとした。川の流れに喩えて、「汝は同じ川に二度と足を踏み入れることはできないであろう。」と説いた。

ヘラクレイトスは他方、万物を統べるものとしてのロゴス（言葉、理性など）こそ、智であるとした。

これら「万物即一のロゴス」と「万物流転するところのパンタ・レイ」の二項対立で、前者による後者の克服こそが、ほぼ西洋哲学の理性・ロゴス支配の主流となった。

だが、注目したいのは脇に追いやられたパンタ・レイである。これら二項であり、二回路の一つを採るのは誤りでなかったか。むしろ、二回路の共否定こそが、後のアポリア（変化の説明、ゼノンのパラドックス解決）のために必要でなかったか。つまり理性尊重のロゴスでイデアを導くイデアリズムの検討である。ロゴスの言葉からの主語を実体化し、イデアとして抽象したことは誤りでなかったか。自性とした本質を否定すること、無自性、空とすることがそこで求められるのでないか。つまり、イデアでなく、流転するパンタ・レイでもまたない。だから哲学史的には、イデアレスといい、無自性というべきことの「空」としてである。

ここで「空　śūnya」とは、こう規定したい。「総てのものは、空性であって、構成要素の集合 total でなく、かつまた統一体の名づけ whole でもないところの離一多性で無自性である。しかもなおそれあるは、ただ残余の（習気する）心、アーラヤ識が造る仮名《けみょう》。仮設《けせつ》としてである。」と。空観の勝義諦は唯識説により現象化され俗諦の無常なる現世・浮世となると解されてよいであろう。

◆ニーチェ

ニーチェは一九世紀ドイツの哲学者だが、初めギリシアの古典文献学で頭角を現わし、師リッチェルの推挽でバーゼル大学員外教授となり、その少し前にショーペンハウァーの主著『意志と表象としての世界』（一八一九年）に、ライプチヒの古本屋の店頭で出会う。

「あらゆる価値転倒の試み」は、ソクラテス、プラトン以来の主知的プラトニズム、さらには、それに補強されたキリスト教の価値観を否定しようとした。そのためにギリシア『悲劇の誕生』（一八七二年）の処女作でディオニソス的な「生」の救出を説き、主著『ツァラトウストラかく語りき』（一八八三〜一八八五年）では、古代ペルシアの宗教、ゾロアスター教の開祖であるツァラトウストラ（ドイツ語読み、Zoroaster Zarathustra）に仮託して語る。それまで続いていた心の安らぎを捨てて、アンチ・クリストとなり、「神の死」を宣告して、かつヨーロッパ・ニヒリズムの到来を示す。打ち立てられ維持された永遠なる存在を喪失し、そこからの価値体系がないとすれば、それらは砂上の楼閣の夫々だった、となる。戻るべき「陸地を撤去した」のだから、大洋に漂う以外にない。それにしても劇烈にして時として狂気じみたこと余りある。ニーチェ自身はイタリア・トリノの広場で昏倒し、狂乱のなか、節目の一九〇〇年に五五歳で没した。

ここで注目したいのは、ギリシアのアポロン的なソクラテス・プラトン以来の所謂プラトニズムのイデア論である。その対極明示のために、ヘラクレイトスのパンタ・レイをあげたのである。その上で、「永遠回帰」を古代ペルシア（今日のイラン）の宗教・ツァラトウストラに学び、それに仮託したことである。

ニーチェは語る。「意味や目標はないが、しかし無のうちへの終極をもたずに不可避的に回帰しつつあるところの、あるがままの生存、すなわち『永遠回帰』。これがニヒリズムの極限形式である。すなわち無（『無意味なもの』）が永遠に！」（Kröners Taschenausgabe Band78, S.44）。

また、こうもいう。

「すべては行き、すべては還りきたる。存在の車輪は永遠に廻転する。すべては死に、すべてはふたたび花開く。……すべては別離し、すべてはふたたび再会する。存在の円環は永遠に自己忠実である。」（Kröners Band 75, S.241）（なお、拙著『ニーチェのニヒリズムと超人』参照）。

ここで先に述べたニーチェの、戻るべき「陸地を撤去した」とは、次のニーチェの詩による。すなわち、

「われわれは陸地を後にして、舟に乗り込んだのだ！
むしろ、戻るべき陸地を撤去したのだ！
いざ、小舟よ！　心せよ！
おまえのかたわらに広がるのは大洋だ」（Kröners Band74, S.139f. 拙著『ニーチェのニヒリズムと超人』一五七頁）

このことは、次のジョン・ダン（英、一七世紀詩人、牧師）の詩と対照させるとより明白であろう。

「なんぴとも一島嶼《とうしょ》にてはあらず、
なんぴともみずからにして全きはなし、
ひとはみな大陸《くが》の一塊《ひとくれ》　本土のひとひら

そのひとひらの土塊《つちくれ》を　波のきたりて洗いゆけば
洗われしだけ欧洲の土の失《う》せるは
さながらに岬の失せるなり
汝《な》が友どちや　汝《なれ》みずからの荘園《その》の失せるなり
なんぴとのみまかりゆくもこれに似て
みずからを殺《そ》ぐにひとし
そはわれもまた人類の一部なれば
されば問うなかれ
誰《た》がために鐘は鳴るやと
そは汝《な》がために鳴るなれば」

――ジョン・ダン――

これは『誰《た》がために鐘は鳴る』のタイトルで有名なヘミングウェー（米、二〇世紀）の小説の冒頭詩である。小説の内容は、スペイン内乱でパルチザン活動に取材したものだが、スペインだけでなく人類の問題であり、弔鐘は誰がために鳴るかと問うなら、君のために鳴るというもので、人類の（欧米の）連帯性を呼びかけているとされる。人類の連帯性とは、大陸《くが》の一塊《ひとくれ》、本土のひとひらとしての連帯のことで、欧米が整えてきた価値体系である。ジョン・ダンはイギリス一七世紀の詩人牧師で、一九世紀のニーチェがいう戻るべき「陸地を撤去した」とは共通する価値体系の撤去、戻るべき「陸地」を後にすること、すなわちヨーロッパ・ニヒリズムの到来を告げたことといえよう。

なおまた、若きニーチェがライプチヒの古本屋の店頭で出会ったショーペンハウァーの『意志と表象としての世界』の影響と訣別について触れたい。

ニーチェは処女作『悲劇の誕生』の後に付した「或る自己批判の試み」（一八八六年）で語る。「私が現在いかにも遺憾に思うことは、当時、私がかくも独自の見解と冒険にたいして、あらゆる点において、これまた独自な言葉を敢えて使用するだけの勇気（それとも不遜？）をまだ有しなかったということ――私が苦心惨憺、ショーペンハウァーとカントの方式によって未知な新しい評価を表現しようと努めたということである。」（Kröners Band 70. S.38）と。ここにいう方式とはカントにあっては「物自体」（Ding an sich）と「現象」（Phänomen）であり。ショーペンハウァーにあっては「意志」（Wille）と「表象」（Vorstellung）である。そして、これをニーチェの表現にすると「ディオニュソス的なもの」と「アポロン的なもの」であり、また「根源的一者」（das Ur-Eine）に対する「仮象」（Schein）となるといえよう。

ショーペンハウァーはカントの正統な継承者をもって任じ、「世界は我が表象である」（Die Welt ist meine Vorstellung）は彼の最初の命題であった。「表象」とは先天的形式の時間、空間と充足理由律（存在者はすべて変化、認識、存在、行為においてその理由を充足していなければならないという法則）により認識される。これは丁度、カントの「現象」認識においては範疇（量、質、関係様相のもとの十二目）が充足理由律に相当している。カントは「現象」のいわば背後にあるものとして、「物自体」を考えていたのに対して、ショーペンハウァーは「盲目的な生きんとする意志」（blinder Wille zur Leben）を一般的総括者として捉えた。カントの「物自体」は不可知であったが、ショーペンハウァーの「盲目的な生きんとする意志」は知り得るとされる。これを知るためには、自己の意識を内的に直観することによって得られる。この「盲目的な生きんとする意志」の客観化として身体動作、例えば歯、胃、腸は客観化した食欲であり、脚は客観化した移動の欲（歩行の意志）となる。これは類推により、人間、動物、植物と拡張されみな生命維持の闘争という意志に貫かれていることとなる。さらに類推して、自然もまた意志をもつ。例えば、物体の落下、原子の結合遊離が自然の意志である。この世界の「表象」はショーペンハウァーによると「盲目的な生きんとする意志」の表われであり、先に述べたように盲目的なる故に何らの道徳的価値はなく、また理不尽である。つまり、意志は盲目であり、定まった目的、目標がない。しかし、意志の本質により、欠乏、苦痛の存在は努力を促す。そこで、目的、目標のない意志は無限の欲求に従って、涯しなく追求される。

ここからショーペンハウァーは。生きることは苦しむことであり、世界は最悪と考えるに至る。ペシミズム乃至ニヒリズムは、ここに明瞭な姿を表わす。そしてこの厭世からの脱却としてショーペンハウァーは芸術、特に音楽による自己没却をあげる。だが、この芸術鑑賞による解脱は一時的である故、恒久的解脱を求めようとすれば、意志否定、諦観による仏教的無への道を拓くのである。ショーペンハウァーは悲劇においても同様に諦観を求める。

これに対し、ニーチェは「おお、ディオニソスが私に語ったものとは、何と異なったものであったか！」(Kröners Band 70. S.38) と嘆くのである。意志を飽くまで肯定し、生は「生」により救い得ると考えるニーチェにとっては、当然のことであった。ここに、ニーチェはライプチヒの古本屋の店頭で発見し、哲学的に開眼されたショーペンハウァーと訣別する第一歩を印すのである（拙著『ニーチェのニヒリズムと超人』四四頁以下）。

かくて、ニーチェは『悲劇の誕生』で得た「ディオニュソス的なもの」の「生」(Leben) を救出するため、「アポロン的なもの」のソクラテス―プラトンの知的・イデア的なものの否定に向い、そこからの価値体系である目的、目標を否定し、それをショーペンハウァーのように諦めることなく、諦観の厭世主義に陥ることなく、そしてペシミズム乃至ニヒリズムに向うのだが、一条の綱を渡る「超人」、その「力への意志」を、そして「永遠回帰」

とそこでの「遊戯」に、先を見る。

なお、ショーペンハウァーがウパニシャッドのラテン語訳（デューペロンによるペルシア語訳からの重訳）を読み、感激したことはあまりにも有名な話で、その哲学的影響がうかがえる（高崎「ウパニシャッドの哲学」三六頁）。

第四節　バラモン教

さきに、アーリア人が南下し、インダス文明を制圧し、それを経てガンジス川流域（ガンガー流域）に移動し、バラモン文化を完成させる経過を見た。ということは、このバラモン文化の聖地ガンジス川流域でベーダ聖典の編纂がなされ、バラモン教が成立したことを意味する。

◆ベーダ

バラモン教はベーダを根本聖典とする。それで、ベーダの宗教ともいう。ベーダは、〝書き伝え〟と〝言い伝え〟である「記録」と「口碑」（口承）すなわち文献としてあったものを編纂したものである。凡そ紀元前一五世紀頃から紀元前五世紀頃の成立かと推定される。ベーダとは「知識」の意味で、宗教的・哲学的な知識の集成である。「天啓書」（シュルティ）ともいわれる。

ベーダ（Veda　ヴェーダ）の構成は、「本集」（本文）の主要部分と「付随文献」とから成る。

「本集（本文）サンヒター」は、「リグ・ベーダ」（神々への讃歌で、Ṛg は讃歌の意）、「サーマ・ベーダ」（歌詞と旋律）、「ヤジュル・ベーダ」（祭祀の作法）、「アタルバー・ベーダ」（呪文、呪術）の四種から成る。

のち「本集」（本文）をもととして、それに注釈をし、哲学的に検討をほどこした。それが「付随文献」とされ、

「ブラーフマナ」（梵書で祭儀書）、「アーラニヤカ」（森林書）、「ウパニシャッド」（奥義書）と総称される文献群である。

ここで注目したいのは、「本集」（本文）の最初にある「リグ・ベーダ」と「付随文献」の最後にある「ウパニシャッド」である。「ウパニシャッド」はベーダの末尾を意味するので「ベーダンタ」ともいう。「リグ・ベーダ」は既に「宇宙開闢の歌」「天地両神の歌」「アグニの歌」（と「普遍の火」）の神々への讃歌をとりあげ、夫々を検討した。「ウパニシャッド」はどうか。「ウパニシャッド」にこそ、「五火二道」の輪廻説と輪廻思想が組織化されるところのものを含むのである。のちに項を改めて再考したい。

ここでバラモン教とは、既述のように、ベーダの宗教で、その司祭階級であるバラモンが最上位に位置づけられていることからの名称である。

◆カースト

カーストとは閉鎖的な社会集団のことで、四姓制度（四大バルナ）ともいい、「バラモン」（司祭・祭官・僧侶）、「クシャトリア」（王族、武士）、「バイシャ」（庶民・平民、農牧・商業・手工業者）、「シュードラ」（隷（属）民、一生族）の四種に位置づけた社会関係を呼ぶ。この下に「アチュート」（不可触民　out-caste　今日では指定カースト）が置かれた。

この四姓による階級を権威づけたのが、先に述べたように「リグ・ベーダ」の「プルシヤ（原人）の歌」（10－90）である。再出してみる。「彼の口はブラーフマナ（バラモン、祭官階級）なりき。両腕はラージャニア（王族・武人階級）となされたり。彼の両腿はすなわちヴァイシア（バイシャ、庶民階級）なり。両足よりシュードラ（隷民・奴婢階級）生じたり。」（10-90-12、『リグ・ヴェーダ讃歌』辻訳、三二〇頁。辻『インド文明の曙』九七頁）。ここで

「彼」とは「プルシヤ」（原人）のこと、「ラージャニア」とは「クシャトリア」のこと。なお、「両腿《りょうたい》」は、左右の腿《もも》で、左右の膝よりも上の部分を指し、「両足」は左右の足首から下の部分 foot と解してよいだろう（イヴ・ボンヌフォワ編『世界神話大事典』九〇五頁も同様）。また、「両腕」と「両腿」を「片腕」と「片腕」にとっている例があり、ミステークだろう（中村『インド古代史　上』六一頁）。

◆マヌの法典

このカースト制度である四大バルナ（四姓制度）を強調して、バラモンを特権化したものに『マヌの法典』がある。『マヌの法典』はインドの古代法典で、紀元前二世紀～紀元後二世紀頃に成立したとされ、人類の始祖であるマヌが神の啓示を受けたことによるとされる。なお、バルナは「色」を意味していて、種による生れの肌色による社会的身分の呼称で職業的階級となった。またカーストとは、カスタ（casta のポルトガル語を英語に借用したもの）で血統のことで、インドではジャーティ（jati　生れ）という。

◆シュードラとアウト・カースト

ジャーティ（jati　生れ）は四大バルナだが、上の二階級であるバラモン（司祭・僧侶）、クシャトリア（王、武士）が世襲の職業でインド社会を支配した。その下にバイシャ（庶民、農牧民）が位置づけられる。四姓中で最下位にシュードラ（隷民、一生族）がおかれ、死後に再生しないとされたのでエーカジャ（一生族）と呼ばれた。アーリア侵入で、支配を受けた被支配階級で、原住民のドラビダ人が主だった。ドラビダ人の他にもアーリア人でない人々はいたようだ。混血もしていった。

四大バルナのさらにその下位にアチュート（achut）と呼ばれた不可触民（untouchable, out-caste）が位置づけられ、穢れを意味し、農奴、皮剝、糞尿汲取、水運び等を生業《なりわい》とした。

◆ガンディー

バラモン教で確立された四大バルナは、後の紀元前四世紀頃成立したヒンドゥー教（Hinduism　インド教）にも引き継がれ、インド社会の宿痾《しゅくあ》（長く治らない持病）とされた。

この差別撤棄に動いたのが、建国の父、マハトマ・ガンディー（一八六九～一九四八年）である。マハトマとは「大きな魂」を意味する。ガンディーはグジャラートにヒンドゥー教徒の家に生れ、英国留学で弁護士資格を取得し、商社に勤め、南アフリカでインド人の差別虐待に遭遇し、無抵抗主義（非暴力主義）による不殺生（ahiṃsā アヒンサー）を主張したことはあまりにも有名である。ガンディーは不可触民・アチュートとされた人々を「神の子」（ハリジャン）と呼び、差別撤廃運動を続けた。

また、自らハリジャン出身のアンベードガルは撤廃運動に専心し、インド独立後ネール首相の下で初代法相に就き、今日ではハリジャンを指定カーストと法制上呼ばせている。アンベードガルは晩年、数十万のハリジャンと共に、ヒンドゥー教から仏教に改宗して、新仏教運動（ネオ・ブッディスト運動）を推進した。それでも一三世紀に滅びたとされるインドの仏教徒は、現在総人口の凡そ〇・七％に留まる。一％に満たない。

なお、ネオ・ブッディスト運動の指導者に日本人の佐々井秀嶺師がいる。

◆現在のインドと仏教

インドと聞くと日本人は、仏教の国を連想してしまうが、それは周知のように日本に流入した仏教の淵源がインドにあり、シルクロードや海路を経て中国に渡り、そして大陸から日本に渡来したという歴史からである。

ところが、インドの人口約一〇億（一九九八年）で、そのうち仏教は先述のように殆ど滅亡したような状態で、信者も〇・七％程に留まり、ヒンドゥー教徒八〇％、イスラム教徒一一％、シーク教徒二％などとなっている。ハリジャンの名誉回復の運動が、ガンディーを先駆として、ネオ・ブッディスト運動が推進されているのである。

それで法制上は、インド憲法第三四一条に基づき、州など地域で指定された諸カーストを「指定カースト」(Scheduled Castes) として、差別補償、差別禁止、基本的人権の保障、特別の優遇措置（留保制度のこと。被差別の回復措置で、高等教育、公的雇用など。全人口の一六％程）を国家に義務づけた。

その効果は大きく、指定カーストの社会進出、政治的な発言も強められた。だが、他面では優遇措置への反感も興り、対立も生じさせていて、心理的な歴史的差別意識は根づよいものがあるようだ。地域によっては、バルナ制度は複雑化し、二〇〇〇～三〇〇〇のカーストがあるともいわれ、根絶は容易でない。

アメリカの黒人問題、日本の被差別部落問題とも共通する課題といえる。

ガンディーはヒンドゥー教徒の家に生れ、インドの代表的詩人であるタゴールも、ベーダの思想をもち、共通してベーダの教説「ベーダンタ哲学」に基礎づけられ、それからヒンドゥー教徒へと流れるインドの正統思想の下にある。

ところが、仏教は紀元前五世紀にブッダが興し、その先駆者（過去七仏と、ブッダを含め）がいたというが、その独創性は注目すべきで、以後、興隆し、インド全土に広まる。国家的宗教となるが、一三世紀には、ヒンドゥー教、イスラム教などの圧迫により、国内では衰退した。国外で持続しているのである。

第五節　輪廻説

先に、「リグ・ベーダ」で、後の輪廻思想「五火二道説」を用意するかのようなベーダを三つあげた。すなわち

「宇宙開闢の歌」であり、「天地両神の歌」であり、「アグニの讃歌」であった。輪廻思想の最初に組織立てられたものとしてあげられるのが「五火二道説」であるが、その「五火」は「天」「地」原水の「雨」と、「男」「女」である。それらは「火」とされ、「五火」とされ、先の三つの讃歌で歌われている。

この「五火二道」の輪廻説の前に、注目しなければならない二つの説を序説として考えておきたい。それは、ベーダの作者・詩人たち、それらの人々を支えた多くの人たちが、いかに真面目に、いかに真剣に、究極の何たるかを追求して止まぬ人たちであったかを知るためである。一つは〝父子転生〟の輪廻説であり、二つは〝手綱二道〟の輪廻説である。その後に、「五火二道」の輪廻説に及んでいきたい。

◆父子転生

第一の〝父子転生〟の輪廻説は、「ウパニシャッド」つまりベーダの末尾を意味する「ベーダンタ」にある「アーイタレーヤ・ウパニシャッド」（4・1〜4）にある（佐保田鶴治『ウパニシャッド』一八六頁以下。等）。要約してみると、父なる男は、三次の誕生をするが、その次第は次のようになる。

第一次の誕生で、精子の射精・受精（精子と卵）がある。「精子なるものは男子のすべての肢体から採り集められた生命力であって、自己の中に自我を保持している。これを男子は婦人の体内に注ぎ、そしてこれを産ませる。」

第二次の誕生では、胎内で成育され、成育者は男により保護され、誕生後の成育は現世相続を托すためで、子は父に代り（生）業の任を負うためである。

第三次の誕生では、父は（生）業の任を了え、現世を去り、（子により）再生する。「彼（父）は現世を去って再び生まれる。」

整理すると、父なる男は妻に、①子を産ませ、②その子を育て、生業を担い相続させ、③現世を去る、が子により父は再生する、というのである。

このように、父から子、子から孫、孫から曾孫《ひ》、曾孫から玄孫《やしゃご》へと代々再生し、相続していくというのである。素朴ながら相続転生といえよう。

男子が尊重されるのも、インドならずとも頷ける。苛酷な自然や狩猟生活、闘争もあったであろう生活、そこからやがてのウパニシャッドの時代の農耕生活で少しなりとも余裕を得た人々に、このような〝生きること〟の反省があったのは真底、驚くべきことでなかろうか。種の中継、維持、氏姓の尊重、血統・家柄の継承ともいえようが、要は家族集団の中心である「大黒柱」の再生・承継といえよう。そこでの自己の位置づけを省み、そこからの代々続く〝祖霊〟への崇拝なのであろう。

◆手綱二道

〝父子転生〟に続く、第二の〝手綱二道〟の輪廻説を次に考えてみたい。ここで〝手綱二道〟と称したのは「ウパニシャッド」の「カータカ・ウパニシャッド」(3・3～9。佐保田『ウパニシャッド』二二四頁以下)の輪廻説である。要約してみる。

比喩としてなのだが、馬車に乗る「我」は馬車の「享受者」であるために、引く馬が「良馬」となるように「手綱」を締めて制御・コントロールしなければならない。「手綱」が弛み制御不能になれば、「悪馬」の「御者」になってしまう。そうすると輪廻することとなるという。

一方、「手綱」を締めて制御〝コントロール〟するなら「享受者」になり、「至上の境地」(梵天)に達することとなる。

それで、梵に達する「梵我一如の道」か、それとも「輪廻の道」かである。つまり、手綱の把《と》り方に「二つの道」があり、輪廻の道か、梵我一如の道か、となるというのである。

そこで、その喩えられている馬車のデッサンをして、その意義を加えてみる。

乗っている者は「我」（アートマン・自我）である。車体は「身」（身体・肉体）で、御者は「識・覚」（明識・覚智　vijinana）でその手綱は「意」（思量：自我執着心　manas）であろう。手綱をつけられている馬は「根」《こん》（感覚器官・六根の根）で、馬の道路を「境」（対象・外境）という。そこで、「身」「意」「根」の結合を「享受者」と呼ぶ。「享受者」とは賢い乗り方であろう。たしかに、馬車（車体「身」）で、手綱（「意」）を上手に把《と》れば、馬（「根」）はコントロールされて、「良馬の御者」（「識・覚」）になり得る。思う意の方へと乗者（「我」）は、梵我一如の道路（「境」）に向うことができる、と考え得る。

「人もし常に意を練ることを為さず、心不浄にして、明識あるものとならずんば、かの至上の境地に達することなくして、輪廻に赴く。」（3・7）。これが一つの輪廻する道。

他の道は至上・至高の境地へ至るところの要は梵我一如の道。「明識を御者とし、意を手綱に把《と》る者は輪廻の道の彼岸《はて》なる毘紐笯《ヴィシヌ》神の至高境地に達す。」「毘紐笯神の至高境地」というのは、〝ヨーガ的体験の最高境地〟（佐保田、注）とされる。ビィシヌ（毘紐笯）神はヒンドゥー（インド）教で三大神の一つで維持神。その胸部の旋毛は卍（まんじ）で仏像の胸に描かれる（寺院記号）。もと太陽神だったが、のち宇宙の維持発展を司る。なお、創造神はブラフマン（梵天）で、破壊神はシヴァである。シヴァ神はまた創造神でもあり、象徴はリンガ（男根）である。

要は、ヨーガ的見地から、「最高境地」とは、ヨーガの階梯・段階で到達する境地のことであって、まずは念・心を一定の場所に結合するconbination、凝念・ダーラナのことで、次に念・心を集中するconcentration、禅定・ディヤーナに至り、そして終には同じ禅定で、禅定の対象だけが輝いて、念・心が空のようになったとき、これを三昧・サマーディという。つまりは〝結合する、集中する〟ところの〝凝念、禅定〟から対象が輝き、心、空となる三昧に至る。これら三つの凝念、禅定、三昧をまとめて〝総合的制御〟controlation サンマヤ〝三昧〟の境地といえよう。それはとりもなおさず、解脱・モークシャの境地である（パタンジャリ「ヨーガ・スートラ」世界の名著1、二二八頁）。手綱の二道からは、梵我一如の道「良馬」の道であって、他方の「悪馬」に対する御者の輪廻の道ではない。

◆プラトンの天翔ける馬

ここで、古代ギリシアのプラトンの哲学に言及するのも無駄ではないであろう。というのは『パイドロス』で、プラトンが、そこで引用するミュートス（神話・物語）にオリエント（東方）の影響をうかがわせる点があるからである。「このミュートス（神話・物語）中で、魂は二頭の馬を操る御者になぞらえられている。御者は理性を表わし、二頭の馬は欲望と感情（気概）を表わしている。」（R・S・ブラック『プラトン入門』内山勝利訳、一八三頁）。翼のついた神々の馬車はやすやすと天空の彼方に進むのに反し、人間の魂の馬車はこの世界で制御・コントロールできずにもたつく。この人間の魂は神的な至福の状態から転落した魂であり、天空に帰るためには、死すべき肉体に一〇回宿らねばならない、と述べられる。永遠なるイデア界に帰るためには、この現象界から脱け出さなければならない。

つまり、「理性」を神々のように「御者」にした馬車はその翼により、二頭である気概と欲望をコントロールして、永遠なる「イデア界」へ、かつて目にした記憶の世界へ向い想起・アナムネーシスすることができ、馬を「駿馬」にする。反対に「理性」を働かせない「御者」の人間は、翼が動かず、気概と欲望もコントロールできず、思わくを糧として現象界に想い沈み、馬を「駄馬」にしてしまう。そして地上に転落した魂が、イデア界の郷里にかえるためには、人間の肉体に一〇回も宿らなければならないというのである。

◆ウパニシャッドと梵我一如

輪廻説のいわば序説に当る「父子転生」と「手綱二道」の輪廻説を考えてきた。

ベーダの末尾にあるのでベーダーンタと呼ばれるウパニシャッドは、サンスクリットで書かれ「奥義書」とも訳される。「奥義書」とは奥深い肝要の意で〝極意の書〟であるが、ウパニシャッドUpanisadの直接に意味するところは、Upa-ni-sad「近くに坐す」であったのが、師弟が対坐して伝えられる「秘密の教義」となる。そしてこの聖典として用いられるようになったものの総称とされるようになったのである（辻直四郎『ウパニシャッド』一六頁）。

ベーダの宗教と呼ばれるのが、その司祭階級・バラモンによるのでバラモン教というが、正統バラモン教は従ってベーダ、それもその思考の中心であるウパニシャッドに根拠を置く。ウパニシャッドの中心教義は「梵我一如」である。「梵は我《が》なり」であり、梵であるブラフマンは一切の宇宙にして、この我であるアートマンなのである。それはまた、アートマン（我）を知る者は、同時にブラフマン（梵）を知る者である。つまり「我即梵」で我と梵の相即である。

ところが、相即し我に梵が入り込んでいることを忘れ、それを明かすことが出来なくなるのを「分別」（ヴィカルパ）といい、「無明」というのである。

ラーマクリシュナンの解釈、解説では次のようである

「ブラフマン（梵）は客体で宇宙であり、アートマン（我）は主体で霊魂であるが同一体と見られる。ブラフマンはアートマンなのである（梵我一如）。太陽の下にあるブラフマンと人の内にあるブラフマンは同一である。リグ・ベーダにある、神の超越的概念は、ここで内在的なものに転換される。無限なるものは有限なるものであっ

て、（内在なので、しかもなお）有限なるものでないのである。ウパニシャッドの教説の特性はここにある。何とこの教説はプラトンが生れる（紀元前五世紀）以前に、インドで生れた（紀元前一三世紀頃）のである。」(S.Radhakrishnan: Indian Philosophy vol.I, p.169)

プラトンのイデア論での、イデアと現象を彷彿とさせるだけでなく、華厳の一即一切、あるいは「永遠の時間が一瞬に収まり、一瞬が永遠の時間を包む。」（『六十華厳』十三品）といわれることをも、彷彿とさせるに十分である。また、ノーベル賞・受賞者のグラショーが描いたウロボスの蛇で、尾を咬む蛇の宇宙図をも想い出させる。

◆仏教の輪廻と業感縁起

仏教では、のちに述べてきたところの無自覚を無明として継承し、そこからの行為である業（カルマ）から執着が生じ、その執着する惑（煩悩）から業の報いとしての苦悩が生じる、とする。「惑業苦」の三道は輪廻転生で、輪廻の環の中で生生流転することをいう。輪廻するのは「因果」として捉えられる。流転する業因業果の連鎖を断ち切ることを解脱・モークシャという。「善因善果・悪因悪果」（「善因楽果・悪因苦果」とも）の「因果応報」思想は、「人は自ら造れる世界に生ず。」（辻『ウパニシャッド』九二頁）の進展したところにある。「業」を中心にした、惑業苦の三道は「業感縁起」として部派仏教ではいわれる。要はサンサーラである輪廻の流転から脱却するモークシャである解脱へ至ることが求められる。サンサーラからモークシャへである。モークシャである解脱は悟りといわれ、涅槃とされる。もとより、バラモン教と仏教は異なり、母胎でありながらも真逆の点ですらある（後述する）のだが、要はブッダの「既に自己は自分のものではないのである。」（『ダンマ・パダ』六二）。ただ、ここでの面に限るなら、如何に骨格でインド思想（バラモン教）の継承（母胎）であるかが見てとれよう。

第六節　五火二道の輪廻説

◆五火説

「ウパニシャッド」の中で、組織ある輪廻説と認められるのが「五火説」である。この「五火説」を輪廻する「祖霊の道」（祖道）とし、それと「神の道」（神道）との二道を示す説が「二道説」である。のち両者は一体とされ「五火二道説」と称せられるようになった。ここには、先に述べたウパニシャッドの「父子転生」と「手綱二道」の素朴説が一段の洗練説へとなった転換が認められよう。

次にまずは、「五火説」を説く「ウパニシャッド」の「チャーンドーギャ・ウパニシャッド」の要旨を述べてみたい。

集会で、王がバラモンの子に問うた。バラモンの子ゆえ、父の教えを受けたか、と。答えて、受けたと。ならばと問う。生類は①どこへ行くのか、②どこから来るのか、③二道を知る、か、④あの世とは、⑤祭火に水が注がれて人間のことばを話すのは何故か、と。バラモンの子、いずれをも知らず。

それでのち、バラモンの父、ガウタマは王（王族、クシャトリア）の許に赴き問うた。息子への問いを再び語ってほしい、と。王は困惑した。〝（これから話す）この知識（ヴィディアー学道）は婆羅門《バラモン》に伝わっていず、「王族だけの教え」であったのです。〟それでも王は次のようにガウタマに「五火説」を説く。

死者は火葬され、その「薪《たきぎ》」は初め「煙」となり、「炎」と現われ、「燠《おき》」となり、「火花」となる。

〝天界は第一の祭火である。その薪《たきぎ》は太陽である。光線が煙、昼が炎、月が燠《おき》、星辰がその火花である。

この祭火のなかに神々は、信仰を供物として注ぎこむ。その献供《けんぐ》からソーマ王（月神）が生ずる。〃（「ウパニシャッド」第四－1～2）。

「天」界は、死者の火葬に於て、薪が「太陽」で、煙が「光線」で、炎が「昼」で、燠が「月」で、火花が「星」辰だとする。この祭火の中に神々は信仰《シュラッダー》を、お供えにする。その献供つまり供えたてまつる信仰からソーマ王（月神）が生れる。ソーマ（soma）はインド産の植物名で、その液汁から酒がつくられそれをソーマ酒という。一種の興奮飲料という。「リグ・ベーダ」第九巻の「ソーマの歌」では、神々と人間に栄養と活力を与え、強壮にし寿命をのばし、霊感をもたらすという（『リグ・ヴェーダ讃歌』辻訳、一〇二頁以下、辻『インド文明の曙』六五頁以下）。

ソーマ王（月神）は、ソーマ酒の器が「月」だと考えられたから、らしい（「ウパニシャッド」世界の名著1、一〇九頁以下注）。

ソーマ酒で、盈《み》ちる器は盈《えい》月（新月から満月への間、だんだん円くなる）に至って、「雨」となり、「地」に降り、食物が育ち、「男」が食して精子が生れ、「女」に胎児が生れる。

死者の火葬で、「薪《たきぎ》」は初め「煙」となり、「炎」と現われ、「燠《おき》」となり、「火花」となる五つの展開を見たが、続く展開は次表のように整理されてよいであろう（第五－4～9）。

「焼灌」（信仰）で、火に水を注ぐが、その水（精液）は人語（ことば）を発す、という。ここでの胎子は胎膜に被われて一〇ヶ月、のち出生する。

「生るるや彼は寿命のある間生存す。その死するや、人は彼を規定のままにこの世において〔火葬の〕火に運ぶ、彼が正にそこよりこの世に来り、そこより生じたるところの。」（チャーンドーギャ・ウパニシャッド　第五－9・2、

祭「火」	Ⅰ「天」界	Ⅱ「雨」	Ⅲ 大「地」	Ⅳ「男」	Ⅴ「女」
「薪《たきぎ》」	太陽	風	歳《とし》	ことば	性器
「煙」	光線	雲	虚空	気息《プラーナ》	誘い
「炎」	昼（日）	稲妻	夜	舌	子宮
「燠《おき》」	月	雷鳴	四方	眼	挿入
「火花」	星辰	雹《ひょう》	四隅	耳	快感
「焼灌《しょうかん》」信仰（火に水注ぐ）	ソーマ王（月神）	雨	食	精液	胎子

辻『ウパニシャッド』二〇六頁）

祭「火」は、Ⅰに「天」界であり、Ⅱに「雨」であり、Ⅲに大「地」であり、Ⅳに「男」であり、Ⅴに「女」である。これら「天」「雨」「地」「男」「女」が、「五火」と称され、転変するところの次へ続く転生の輪廻・サンサーラである。

つまり、信仰はソーマ王として月へ。月盈《み》つれば雨となり、雨は地をうるおし、食物を育て、食物は食べられ精液となり、精液は胎児となり、のち出産し、ことばも発するようになる。暫く生存し、のち死し、祭火の火の環へ戻る。かく輪廻転生する。

バラモンの父・ガウタマへの王の問いの①どこへ行くのか、はここに示される。すなわち（一つは）火に行く、と。次の問いの②どこから来るのか、は火から来る、と。由来する源、始源は火にあり、火から来て、火に帰る、と王・クシャトリアからバラモンへ答えられる。

◆タレスとヘラクレイトス

ここまでで触れた「火」と「水」で、ギリシア哲学との関連を見てみたい。ギリシア哲学の始祖とされたタレスとそれに続くヘラクレイトスとの「火」と「水」との関連についてである。

先にヘラクレイトスに触れてみる。ヘラクレイトスは紀元前六世紀の哲学者で、万物の根源的実体を「火」とした。数少ない遺された彼の言に次のものがある。「万物は火の代物であり、火は万物の代物である。」と。総てのものは火が変化したところのものであり、火は総てのものが変化し帰一したものであるという。こうもいえよう。一切は火が変ったのであり、火は一切が変ったのである、と。さらに、一切は火の転変であって、火の転変が一切であると、といえよう。次には、一切は火から出て、火に帰る（帰一する）ともいえよう。

また、ヘラクレイトスは「戦いが万物の父であり、万物の王である。」ともいう。ここには、ウパニシャッドの詩人・哲学者たちが祭「火」としたものが見られまいか。即ち、祭「火」で、「薪」から初め「煙」が出、メラメラと「炎」と現われ、「燠《おき》」（炭）となり、パチパチと「火花」を散らす、エネルギーの動態・ダイナミズムとしてである。また祭「火」と並んで先に述べた「普遍の火」（アグニ・ヴァイシュヴァーナラ）、「アグニの歌」でのアグニもある。

「ここかしこに燃えたつも、火は唯一つ。なべてのものにゆきわたる日（太陽）もまた一つ。世界あまねく輝かすウシャス（曙の神）も一つ。唯一のものの拡がりて、すべての世とはなりにけり」（「アグニの歌」8-58-2）。

タレスはギリシア哲学の始祖とされる。それはアリストテレスによって、万物の根源・アルケーを「水」とした合理的思考の最初の人とされるからである。紀元前六世紀（紀元前五八〇年頃）のミレトス学派の初めに位置する。

ここでは、リグ・ベーダの詩人・哲学者が「宇宙開闢の歌」で、宇宙の本源を絶対的な「唯一物」に帰していて、「無もなかりき」（ナーサッド・アーシィア）のあと有もないとき即ち、天、地、生死、昼夜、太陽星座もないとき、そこに「熱の力」（タバス）で出生した「深くして測るべからざる水」（原水）の動き・「唯一物」が呼吸していたのみだった。そう、「唯一物」は「原水」だったと説いた。

また、「五火説」の転生で、水に注目するなら、ソーマ酒から雨へ、雨から食物・植物の水分へ、その水分からそれを摂取した男の精子へ、精子から胎児・羊水へ、胎児から出生・生存へと、（原）水を原質とした転生が考えられてくる。

ここで、ウパニシャッドとタレス、ヘラクレイトスの年代を比較するなら、仮にウパニシャッドを紀元前七世紀とし、タレス、ヘラクレイトスを紀元前六世紀とするなら、ウパニシャッドがより古い、またウパニシャッドの何らかの影響下にタレスはあったとも考えられる。あるいは別々に発祥したとも考えられないこともない。

◆二道説

バラモンの父・ガウタマへの王の問いで、①の問い、死でどこへ行くか、②の問い、生はどこから来るか、は既に〝火から来て、火に帰る〟として示された。残る問いは、③二道、④あの世、⑤ことば、である。問いの⑤は祭火に水が注がれて、人間のことばを話すのは何故か、である。祭「火」の中へ水を注ぐ、〝焼灌《しょうかん》〟で、水は「原水」から、男の「精液」ととって「精液」の男から「ことば」が生まれる、と答えられる。

（参考として補足する。後世の仏教が成立し、密教が七世紀に出て、その修法に護摩（homa）儀礼があり、その儀礼は護摩木を焚いて本尊に祈る修法で、迷いの薪を知恵の火で焼くことを意味して、インドの火神アグニを供養し除魔求福の火祭をとり入れたとされる。）

次に、先の問いの③二道と、④あの世について考えていきたい。

二道とは「神道」と「祖道」のことで、解脱である「梵我一如の道」と「輪廻転生の道」のことである。太陽の「北行」と「南行」として表わされる。

付帯的だが、第三の立場も加えられる。それは、何度も「生まれよ、死ね」といわれる微小なる生類の立場で、腹行、飛行と有毒生物のケラ（螻）など下等動物である。二道のいずれでもない。

「五火二道説」の輪廻説で、二道とは「神道」と「祖道」であったが、「神道」の太陽「北行」をまず辿っておきたい。

「神道」へ行く「北行」の者の次第はこうだ。先の「五火説」を「かく知る者」並びに「森林において、信仰《シュラッダー》は苦行《タパス》なりと信奉する者」（林棲者《りんせいしゃ》、遊行者）が火葬で（荼毘《だび》＜パーリ語 jhāpeta ＞梵焼に付されて）、①炎に入る。炎から②日（太陽、昼）に、日から③月（盈《み》つ半月）へ、月から④太陽の「北行」（の六ヶ月）へ。その六ヶ月から⑤歳へ入り、歳から⑥太陽（日）へ、太陽から⑦月（太陰）へ、月から⑧稲妻（電光）へ赴く。そこに不死の⑨原人《プルシャ》がいて、原人が⑩ブラフマン（梵）へと導いてゆく。この道が「神の道」である。かく①～⑩の段階に整理できよう。

他方、「祖道」は次の次第である。「村落において祭祀・浄行を布施として信奉する者」は①煙に入る。煙から②夜に、夜から③（後半の）月へ、月から④太陽の「南行」（の六ヶ月）へ入る。これらの者は歳に入らない。「南行」（の六ヶ月）から⑤祖霊の世界へ、祖霊の世界から虚空へ、虚空から月へ赴く。この月はソーマ王である。それは神々の食物で、神々はそれを食べる。善行・徳行のある間、そこ（月界）に留まるが、つきればやがて同じ道を経て、来たときと同じように虚空に帰り、虚空から風に帰る。風から煙へ、煙から霧へ帰る。霧から雲へ、雲から雨へ、そして米・麦・草木などとなる。これから脱するのはすこぶる困難である。誰かに食べられ精液になるのが難しいからである。精液となって、ようやく母胎に宿り、出生となることができる。これが「祖道」（「祖霊の道」）で、①～⑤に整理できよう。

ここで、この世で素行の好《よ》き人々は、好い母胎に宿ることができる。バラモンの母胎、クシャトリア（王族）の母胎、バイシャ（庶民）の母胎へ、である。

これに反し、この世で素行の悪き人々は、悪い母胎に宿る、すなわち犬の母胎に、豚の母胎に、あるいはチャンダーラの母胎に入る。チャンダーラとは賤民、センダラで四種姓以外の最下級身分で、ヒンディー語でアチュートと呼ばれる。アウト・カーストの不可触民で、既述したようにガンディーがハリジャン（神の子）と名づけた人々で、憲法下で指定カーストと呼ばれている。

だが、さらに既述したように付帯的で、第三の立場がある。下等動物の虫、ケラや腹で行く、飛んで行く微小な生類で、反復再来の「生れよ、死ね」という命のままにおかれる第三の立場である。

このように、〝あの世は一杯にならない〟。かくて、バラモンの父・ガウタマへの王の問いである③二道と④あの世（は充満しない、理由）については答えられた。

であるが、ともかくも人は第三の立場の虫ケラに生れぬように、この世で素行を慎しむようにすべきである、とされる。

このことに関して、次の詩が紹介される。

〝黄金を盗む者、スラー酒を飲む者

師の閨房を犯す者、バラモンを殺す者
これら四者は、地獄に堕《お》ちる。彼等に交わる者も同じである〟
しかし、この五火説を知る者であるなら、交わっても罪にならない。こう五火説を知る者は、潔白清浄となり、福徳な世界に生れるのである、というものである。

そこで、地獄に堕《お》ちる四者についての注解をしておきたい。原始仏教以来いわれる、在家信者が守るべき五つの戒めがある。これを「五戒」というが、それらは「不殺生《ふせっしょう》」「不偸盗《ふちゅうとう》」「不邪淫《ふじゃいん》」「不妄語《ふもうご》」「不飲酒《ふおんじゅ》」の五つの戒めである。「不妄語」は嘘をつかぬこと。これを除いて、他の四つの戒は右の四者の地獄に堕《お》ちないための慎しみと見事に対応しないだろうか。これは紀元前七世紀頃成立と想定される「チャーンドギャ・ウパニシャッド」が、ブッダ出生（紀元前五世紀）以前のものの継承の一つとして仏教に摂取されたといえよう。

◆五火二道の輪廻説

ともあれ、以上において、「ウパニシャッド」の中で輪廻説として組織的に整ったとされる五火二道説の概要を辿ってみた。それは、「ウパニシャッド」の「チャーンドギャ・ウパニシャッド」の要旨を追うことであった。内容として、集会で、王がバラモンの子に問い、そのバラモンの子の父が王に問い返し、王が答えたところのものである。問いは五点あり、生類は、①どこへ行くのか、②どこから来るのか、③二道を知るか、④あの世とは、⑤ことばを話すのは何故か、というものだった。

クシャトリアの王は、①②で火から来て、火に帰る、と答え、③で「神道」と「祖道」（「祖霊の道」）を示し、梵・ブラフマンへの解脱の道と輪廻転生の道を説明する。④で解脱の不死である梵我一如か、輪廻の祖霊で流転するか。それもどの種姓に生れるか。下等の虫ケラに誕生する第三の立場もある。また地獄に堕ちる四つの罪も示される。もしくは米麦、草木等の再生で、脱出困難の中に留まるか、である。

最後に、⑤では祭「火」の中に「水」を注ぐ、焼灌《しょうかん》で、水は原「水」の男からの精液とれば、精液の男から祭「火」により、「ことば」が生れる、となる。意味を推定すれば、「天界」と「大地」の間に「雨」があるように、「男」と「女」の間にも原水由来の「精液」「水」があって「ことば」が生れ、宇宙は整うというものとしてである。

第二章　ウパニシャッド今一つの輪廻説──「五光明・両界往還説」

◆はじめに

先に、インド古代におけるバラモン教の哲学書である「ウパニシャッド」（「奥義書」）の「五火二道」輪廻説を見た。バラモン教の根本聖典である「ベーダ」文献は、四種から成り、「リグ・ベーダ」の神々の讃歌、「サーマ・ベーダ」の歌詞と旋律、「ヤジュル・ベーダ」の祭祀の作法、「アタルバー・ベーダ」の除災の呪法の四種であるが、これら「ベーダ」文献は「本集」（本文、サンヒタ－）と呼ばれ、ベーダの意味する「知る」、「知識」の由来するところから、「天啓書」（シュルティ）と称されている。この主要文献に注釈をし、哲学的検討をほどこしたものが「付随文献」で、「ブラーフマナ」の祭儀書、「アーラニヤカ」の森林書、「ウパニシャッド」の奥義書と総称される文献群である。この「付随文献」の最後にあるのが「ウパニシャッド」である。「ウパニシャッド」は「ベーダ」の末尾を意味するので「ベーダンタ」ともいう。「奥義書」の邦訳は、Upa-ni-sad「近くに坐す」の師弟関係からで、「奥義」の奥深い肝要な事柄を伝える秘義というほどの意味からである。内容は、善因善果、悪因悪果の応報する「業説」とそれによる「輪廻思想」である。そして、ここに「梵我一如」の帰一思想と接続するのである。なお、これらベーダ文献は、凡そ紀元前一五世紀頃から紀元前五世紀頃に、長い年月をかけて成立したと推定されている。つまりブッダが生れる前のことなのである。ブッダの思想背景である。

「ベーダ」文献の末尾「ベーダーンタ」に見られる「ウパニシャッド」哲学に輪廻説をみて、その整備された「五火二道説」を先に明らかにしたのだが、繰り返してポイントを示しておきたい。「五火二道説」ではまずバラモン教正統の道があって、出家した沙門・シュラマナは「信仰は苦行である」（〝シュラッダーはタバスなり〟）を林樹間にて修行、実践して、再び生死を繰り返さない不死に至る、太陽「北行」の「神道」がある。他方の道は村落在家、布施する信者による輪廻・サンサーラを繰り返す「祖道」である。繰り返す「祖道」は、死者が火葬され、火の煙として「天」に昇りソーマ王である月が生じ、のちそれが「雨」として「地」に降り、植物を育てて「男」に食され体内に入り、「女」によって育てられ、五つの火に見立てられて蘇るというものである。「天・雨・地・男・女」の火に擬えられた「五火」の蘇りである。これが輪廻する「祖道」の「五火説」で、これにもう一つの不死で蘇らない「神道」との「二道説」を併せて「五火二道説」と称せられるようになった。以上はまた、次のようにも纏められようか。すなわち「五火二道」の輪廻説とは、「祭火で、天・雨・地・男・女の五火に託した祖道の輪廻と、神道の梵に至るヨーガにしてタバス・苦行である」と。

「五火二道説」は、二大「ウパニシャッド」の一つ「チャーンドギャ・ウパニシャッド」の第五篇（V・3-10）で説かれる。僧侶・司祭であるバラモンのガウタマ（ウッダーラカ・アールニ）に、王族のクシャトリアが五つの問いに答えるという展開である。本来、教説する立場のバラモンに、教えを受ける筈のクシャトリアが説くので、逆転現象となっている。つまりは、呪術・霊力による宗教での支配者バラモン階級が、農耕する庶民・バイシャとその統治者・王族クシャトリアによる土着思想に馴化していった表現ととる見方もできる。

◆人の光明

「二大ウパニシャッド」の今一つに「ブリハッド・アーラニヤカ・ウパニシャッド」があり、ここでの輪廻説はその第四篇（Ⅳ・3-5）で説かれる。ここでは、哲人ヤージュニャヴァルキヤが王族の問いに答えるのだが、先の「五火二道説」で答えた王族は、今度は問う方に立場を換えている。

王は問う。「ヤージュニャヴァルキヤよ。人間は何を光明として有すや」と。「人間の光明」とは何であるかを問う、どこまでも問う。探究の学・アーンヴィークシキー（ānvīkṣikī）で哲学なのである。

では「光明」とは、明かりの照明、灯火であり、熱さの熱源であり、そして見通し、希望、理想でもある。太陽ととってもよいであろう。

そうすると、太陽すなわちバイロチャーナは、後の時代の仏説になるが、『華厳経』の教主「毘盧遮那仏」（バイロチャーナ、旧訳は「盧遮那仏」で東大寺の本尊）として、その名バイロチャーナがあり、また東寺、真言密教の教主「大日如来」（マハー・バイロチャーナ）として、その名、大日は「日」として太陽《バイロチャーナ》である。

また、時代はそれらよりもはるか遡り、土地もまた遠く離れるが、古代ギリシアの紀元前四世紀にプラトン哲学で、「太陽」にも喩えられる「善そのもの」は「善のイデア」として最高位を占めていた。その有名なイデアとその影・現象を説いた「洞窟の比喩」で、太陽は光源でもある（『国家』第七巻、514a-521b）。観想テオーリア theoriaにも通じていよう。また、スピノザの有名な命題「実に、光が自身と闇とを顕《あら》わすように、真理は真理自身と虚偽との規範である。」（『エチカ』Ⅱ・定理43－備考）にも通じていよう。

さらに、それらに先だつ古代インドで三界を代表する諸神は、天界で太陽神・スーリヤ、空界で雷霆神・インドラ、地界で火神・アグニがあげられ、太陽の神格化のスーリヤがある。アグニ・ホートラ（火祭）でも同様だが、ただインドラはヴァーユ（風の神）に入れ替わる（ボンヌフォワ『世界神話大事典』九〇三頁）。

火神のアグニは、人類史で歩行を始めたとされる原人であるシナントロプスにおいて、既に発火法を知っていたと推測されるが、その遠い記憶を想起すれば、洞窟の中で外敵から身を守り、日ごとの太陽の日の出の上昇と下降の日没でありながらも曇天や日蝕などから、再び姿を見せないかもしれない恐怖を懐き、従って太陽に次いで夜の月光を頼んだのでないか。雷の電光による山火事を観察したり、火山爆発での森林火災から作り出したかもしれない火のことなどで想像を逞しくすれば、太陽と火との結びつきを彼等が考えたに違いない。

また、そのような洞窟生活では、爬行する爬虫類（卵生あるいは卵胎生）と分類される蛇を含み、蠕形《ぜんけい》動物ともいわれる環形動物であるミミズ（蚯蚓）や蛭（ヒル）に悩まされる生活だったに違いない。それで、その遠い厭《いと》わしい記憶から今日の我々にも生理的嫌悪がこれらにつき纏うのではないか。

◆五光明

〝人間の光明とは何であるか〟と王は哲人・ヤージュニャヴァルキヤに問う。哲人・ヤージュニャヴァルキヤは答える（ブリハッド・アーラニヤカ・ウパニシャッド第4篇第3・4章）。

「太陽を光明として有す、大王よ」と、……

「太陽の沈める時、ヤージュニャヴァルキヤよ、この人間はそも何を光明として有すや」と続けて問う。

答えて、「月こそ彼の光明なれ。……」

「太陽も沈み、月も消えたる時、この人間はそも何を光明として有すや」とさらに問う。

答えて、「火こそ彼の光明なれ。……」火尽きたる時は何をか、とまた問う。

答えて、「言語こそ……」と。

火も尽き、言語も絶えたる時……と重ね重ね問う。

答えて、「我《が》こそ彼の光明なれ。……」

光明とは何か、と問いその最初の答えからその後にも、どこまでも求めて問う。まずは「太陽」、次に「月」、そして「火」、続いて「言語」、ついに「我《が》」に至る。つまりは〝日・月・火・言・我《が》〟の五段階を辿る。それで到達した「我《が》」とは何か、と問う。

◆両界往還

「我《が》とはいかなるものなりや」と。「……この人我《プルシャ》は〔常に〕同一にしてしかも交々《こもごも》両界〔現世と梵界〕を往還す。」

「我《が》」つまり人我《プルシャ》（アートマンで霊魂で、原人と訳されもする精神原理）は、常時同一にして、今生きている現世とあの世・梵界の両世界を往《い》ったり来たりする、往《ゆ》き来、往復すると説く。

「我《が》」が両界往還するというが、それは覚醒時と夢眠時の思念は現世にあるが、しかし熟睡時には、この現世を超脱するが如しとして、熟睡時の梵界帰入の予感にして接近を喩える。

ただ、ここでは両界は現世と梵界で、その往還を説くに留まる。また、ここでの「我《が》」である「人我《プルシャ》」は「五火二道説」にも出てきて、「原人《プルシャ》」と訳される。苦行者が太陽「北行」を経て、梵へ至るときに導く不死なるものとされる。なお、『リグ・ヴェーダ』に「プルシャ（原人）の歌」という讃歌があり、そこでは、汎神論的傾向をもち、プルシャ（原人）を犠牲として万物が展開するというもので、巨人解体を主題とする創造神話の一種とされる。カースト制度の四姓・バルナがここに出てくる。

では、その「我《が》」が、現世を離れ往くとき、臨終の死に赴くときの次第はどうか（第4章）。

「この我《が》が無力に陥り、あたかも迷乱に陥るがごとき時、……ここにその心臓の尖端は閃き（輝き）、その光明とともにこの我《が》はあるいは眼より、あるいは頭より、あるいは他の身体の部分より出離す。彼の出離する時、生気はこれに従って出離す。生気の従って出離する時、あらゆる機能は、これに従って出離す。」

死に臨んで、「我《が》」（プルシヤ、アートマン、霊魂）は無力・迷乱に陥り、（心臓に退隠し）心臓の尖端が閃き（輝き）、眼、頭他の部分から縛を解き離れて、ゆく。出離する。次に生気（プラーナ）、続いて諸機能（眼・耳・鼻・舌・身・意の六根で包括されるか）が出離する。現世からの「我《が》」なので、「業」を担う当体であり、「業熟体」ととってもよいであろう。つまり衆生（凡夫）の「業力」が伴われて出離する。それが現世での生命の終結だという。今生《こんじょう》を出離することだという。

だが、それは終結でなく、次のステージの開始だともいう。この世への再誕は次の次第である。

「彼は認識を具備す。ただ認識を具備して彼は降下す。明知と業《ごう》と並びに前世の意識とは彼に附随す。」

誕生で「彼」は生命、霊魂で「我《が》」のプルシヤ、アートマンである。その「彼」が先の純粋「認識」つまりプラーナとそれに諸機能を備えて本来に帰っている。ただ「明知」である叡智とそれに「業《ごう》」と前世の潜在「意識」である知識が付随し従って、「降下」再生する。

後の時代には、「明知」（叡智）は般若・プラジニャーを、「業《ごう》」はカルマンで無明・アヴィディヤを、潜在「意識」は唯識のアーラヤ識を予感させるものである。

この「我《が》」は「肉身を棄て無明を去り」新しき形である祖霊、梵天などの「生類」の形をとって輪廻する。これが新生で再誕である、という。

◆蛭の喩え

輪廻する再誕の次第を、二つの比喩で説く。「蛭《ひる》の喩え」と「刺繍の喩え」とである。

「あたかも草の葉に附く蛭《ひる》が、草の尖端に達し、さらに、一進を遂げて（他の葉に移り）その身を収縮するがごとく、正にかくこの我《が》は、この肉身を棄て、無明を去り、さらに一進を遂げて、その身を収縮す。」

「蛭《ひる》」は、やや扁平で、輪状の溝が多数あり、体節数は三四の環形動物で、血を吸い前端と後端に吸盤がある。

この「蛭《ひる》」が草の尖端で、さらに「一進を遂げて」他の草に移り、身を収縮するいわば〝蛭の草渡り〟をする。

〝蛭の草渡り〟は、古来日本の「草結《くさむす》び」に通じていようか。すなわち、幸福を祈ったり、分岐点の道標《みちしるべ》guidepost にしたりするために草を結ぶことを「草結び」といい、その動詞「草結ぶ」は、永久に変らぬように祈ることである。また「縁《えん》結び」のことでもある。

そのように、この「我《が》」は古き肉身（肉体）と無明（根源的無知）から離れ「一進を遂げて」新生、再誕する。これが〝蛭の草渡り〟で、「蛭の喩え」である。

「蛭」の喩えは、『ミリンダ王の問い』にも見られる。これも参考となろうから、引用しておきたい。『ミリンダ王の問い』は、後世の紀元前二世紀に、インダス河の上流地方で仏教僧のナーガセーナ長老と、侵入したギリシア人でギリシア文化の教養あるミリンダ王との間での仏教教理問答である。時代は凡そ小乗仏教の萌芽期で、大乗仏教出現以前、である（『ミリンダ王の問い』第二編、第五章第八蛭《ひる》）。

「尊者ナーガセーナよ、あなたは『蛭の一支分を把握すべきである』と言われたが、その把握すべき一支分とは、なんですか？」

「大王よ、たとえば、蛭は、吸いつくところはどこにでも強く吸いついて、血を吸うごとく、大王よ、それと同様に、ヨーガ者・ヨーガ行者は、すべて〈心統一のための〉対象に心が止まるところのその対象を、色により、形により、方位により、場所により、限界により、特徴により、また特相によって、強く〈心にそのイメージを〉確立させて、その対象によって解脱の美味を飲むべきです。大王よ、これが把握すべき蛭の一支分です。大王よ、また長老アヌルッダは、この〈詩句〉を説かれました。――『清浄心をもって、対象に確立してその心によって、解脱の美味を飲むべきである』と。」

ここで「一支分」とは、本分のこと。「ヨーガ者・ヨーガ行者」とは、修行者（比丘《びく》）のことで、後の時代にはその最高位・あらかん（阿羅漢）は「応供《おうぐ》」と称され、かつてのブッダの尊称でもあった。そうすると「蛭の一支分」とあらかんを同一視するなら、「蛭の一支分」を把握することは、〈心統一のための〉対象に心が止まる……〈心にそのイメージを〉確立させ解脱の美味を飲むこととなる。

これが「譬えばなしに関する問い」のその一つの王への答えである（第三編、序要目）。

『ミリンダ王の問い』での「蛭」の喩えは、さらには次のように解釈できようか。すなわち、ヨーガ行者の〈心統一のための〉対象に心が止まる、というのは「止」（サマタ）であり、それに「観」（ビッパーサナ）を加えたところの「止観」を旨とするならば、天台の『摩訶止観』に続いている円満具足するという観心《かんじん》の行法と解することができ、また『ヨーガ・スートラ』に見える「禅定」（ディヤーナ、静慮）の〈心統一〉・集中concentrationを継ぐ、坐禅を旨とする禅宗に連なるものと受けとることもできよう。

しかし、元に戻り「ウパニシャッド」の哲人ヤージュニャヴァルキヤの〝五光明〟を探究し、最後の「我《が》」（プルシヤ、アートマン）の〝両界を往還する〟という説は、それが祖霊、梵天などの「生類」の形をとって輪廻する、という。

◆刺繍の喩え

「あたかも織女が刺繍の一部をとり去り、他のさらに新しくさらに麗《うるわ》しき模様を作り出だすがごとく、正にかくこの我《が》は、この肉身を棄て、無明を去り、他のさらに新しくさらに麗しき形――あるいは祖霊の、あるいは乾闥婆《けんだつば》〔ガンダルヴァ半神族の一種〕の、あるいは神の、あるいはプラジャーパティ〔生類の主、造物主〕の、あるいは梵天〔梵の神格化したもの〕の、あるいは他の生類の〔形〕――をとる。」

織女《しょくじょ》が、刺繍の一部を取り出し、さらに麗わしき模様を作り出す、そのように「我《が》」は祖霊、梵天などの「生類」の〔形〕をとって作り出し、輪廻するという。「我《が》」がどのような模様を作り出すかで、次の祖霊、梵天などが決まる。

なお、刺繍に似たものにレース lace があるが、一般にレースは、糸で透かし模様を編んだもの。広義には布に透かし模様を刺繍したものも含める。

◆**因果応報**

「人はその行作《ぎょうさ》に従って、しかく生ず、善業者《ぜんごうしゃ》は善人となり、悪業者《あくごうしゃ》は悪人となる。……いかなる行為を作すとも、人はその果を得。」

「これに関して、次の頌あり。〔頌《じゅ》は頌歌《しょうか》、ほめうた〕執着ある人は業《ごう》に伴われてかしこに赴く、その性向と意との固着するところに。

……かの世界より彼は再びこの世界へ帰り来る、〔更に新しき〕業を積まんがために。」

以上は、業で輪廻するこの世へ再誕する者。それに反し、欲なき者は梵となり梵に帰入する。

◆**梵我一如**

「これに関し次の頌あり。

その心の中に宿る

あらゆる欲望の除き去らるる時

死すべき人間も不死となり
この世において梵に到達す。」

◆不死、梵、光明

「あたかも蛇の蛻皮《せいび》〔もぬけがわ〕が、生命なく脱ぎ棄てられて、蟻垤《ぎてつ》〔蟻塚〕の上に横たわるがごとく、

正にかくこの肉身は横たわる。しかれどもこの肉身なく不死なる生気（アートマン）こそ実に梵なれ、実に光明なれ」と。

ここで蛇の脱皮のように、人間の肉身がなくなるも、不死なる生気（プラーナ）であるアートマン・我はブラフマン・梵である。それが光明である。人間の光明は何か、の問いの答えにして結論に辿りつく。付言するなら、再生の意味する表皮剝落や垢が落ちての新生があり、また例えばトカゲ（蜥蜴）は尾を敵から逃げるため自切するがまた再生もする。

人間にとって光明とは何か、の問いで、死すべき人間がこの世でブラフマン・梵に到達することとして、その内容の答えがあったが、今一つの頌《じゅ》（頌歌《しょうか》でほめうた。偈《げ》とも偈頌《げじゅ》ともいう）を引いておこう。

「この肉身の深淵に没せる
我《が》を見出し、これを悟証したる人あらば、そは造一切なり、彼は一切の創造者なれば。
世界は彼に属す、はた彼は世界そのものなり。」

また、それは次のこと。
「人は自ら造れる世界に生ず」（「シャタパタ・ブラーフマナ」第4篇 2.2.27）
と要約されるところのものである。

◆非也《あらずや》・非也の定義

このことを「梵我の定義」とされている「ネーティ・ネーティの教義」すなわち「非也《あらずや》・非也の教義」からも考えてみたい（『ブリハッド・アーラニヤカ・ウパニシャッド』Ⅳ・5-15）。

「いわば相対の存在する時、そこに一は他を見、そこに一は他を嗅ぎ、そこに一は他を味い、そこに一は他に語り、一は他を聞き、そこに一は他を思い、そこに一は他に触れ、そこに一は他を認識す。

されど、その人にとりて一切が我《が》となりし時、そこに彼は何によって何を見得べき。そこに彼は何によって何者を嗅ぎ得べき。……

それによってこの一切（＝宇宙）を認識するところのもの、そを何によって認識し得べき。この我《が》は、ただ「非也・非也」と説き得べきのみ。彼は不可捉なり、何となれば彼は捕捉せられざればなり。彼は不可壊なり、何となれば彼は破壊せられざればなり。……ああ、認識者（＝純粋精神の主体）を何によってか認識し得べけんや。御身はすでにかく指教を受けられたり、マイトレーイーよ。ああ、不死とは実にかくのごとし」と。

「かく云い終りてヤージュニャヴァルアは去り行けり。」

「一切が我《が》となりし時」つまり「梵我一如」となりしときには、「一が他を見」られない。また嗅ぎ、味わい、語り、聞き、思い、触れ、それに他を認識することができない。「非也《あらずや》・非也」と説くだけだが、理由は不捕捉なので不可捉だからである。ここに「見聞覚知」と「語り」が盛られている。すなわち「見、聞」の二識と「覚」の嗅・味・触三識と「知」である意識（思い）があり、それらは眼耳鼻舌身意の六根による六識である。それに加えて「語り」表現が盛られて受動と能動の両者が尽されている。

「梵我一如」の「梵我」は、どのように定義されるかであるが、それは積極的に定義することが不可能なので、消極的に否定的に表現するほかない。「この我《が》は、ただ『非也・非也』と説き得べきのみ」である。「造一切なり」で、「一切の創造者」である「我」の人間は、「世界は彼に属す、はた彼は世界そのものなり」で、「人は自ら造れる世界に生ず」なのだから、何ものかを他とすることができようか。他なる何ものも、もうない。それをどうしても定義づけるなら、「非也《あらずや》・非也の定義」となる。本来の「定義」述語づけの意義を失わせているが、強いての表現なら、そうならざるを得ない。「ネーティ・ネーティ neti neti」つまり「非也・非也」の教義がやむを得ない表現となる。仮に表現するとこうなるというものである。

◆まとめ

これまでの、今一つの輪廻説と題した哲人ヤージュニャヴァルキヤの輪廻説を要約してみる。まず、この輪廻説は哲人が王に説いているが、先の「五火二道説」は王がバラモンに説いていた。逆転現象である。哲人の説く内容は〝人間の光明は何か〟である。まずは「太陽」（日）、次は「月」、そして「火」、続いて仲間のコミュニケーションである「言語」、そしてついに「我《が》」に至る。要は、「日、月、火、言、我」の「五光明」である。到達した「我」を問う。「我」は、人我（プルシヤ）で、アートマン、生気（プラーナ）で霊魂である。「我」は「両界」すなわち現世と梵界を往還する。まとめて「五光明、両界往還説」といえよう。その次第で、臨終には、その光明が心臓の尖端で閃き（輝き）出離するが、生気（プラーナ）と諸機能（六根）がそれに従う。これが「業」の当体で、衆生（凡夫）の「業力」である。今度の再誕には、先の純粋「認識」つまり生気（プラーナ）と諸機能（六根）を「我」が備えて本来に帰っている。それに「明知」（叡智）と「業《ごう》」と前世の潜在「意識」が従い輪廻する。その再誕を「蛭《ひる》の喩え」と「刺繍の喩え」で説き、〝蛭の草渡り〟のように輪廻する。ただ、輪廻だけでなく、解脱もある。現世での解脱もある。梵天への解脱と梵我一如の道も示される。それは「ネーティ・ネーティ」の教義であって積極的に説き得ない。「いかなる行為を作《な》すとも、人はその果を得」であり、「人は自ら造れる世界に生ず」である。以上を概略すれば、次のようにいい得ようか。すなわち「今一つの輪廻説」とは、「五光明・両界往還説」で、「人の光で、（日・月・火・言、我《が》の）五光明に託した業因業果の輪廻と不死の梵我一如である」と。

第三章　知識の起源と推論——六派哲学から因明へ

◆経験論と合理論

経験論（empiricism）は、しばしば合理論（rationalism　理性主義）に対立する認識理論として主張される。経験論は、合理論の理性（ratio, reason）に合致するところの合理という演繹した一般的な原理から（例えば、デカルトのコギト・エルゴ・スムの〝我思うゆえに我あり〟のような）理論展開をするのではなく、あくまでも感覚により経験（experience）するところの現象や実証を源泉とする個別的でしかも具体的な知識で理論展開しようとする。例えばバークリーのエッセ・エスト・ペルキピの〝存在するとは知覚されること〟のようなこととしてである。従って、経験論者のジョン・ロックは合理論者のルネ・デカルトのいうコギトへ導く「生得観念 idea innate イデア・インネイト」を否定するのである。

経験論は、知識を得る源泉が感覚で個別・具体からの経験と帰納によるのだが、よくとりあげられるのが、イギリスの経験論で、一七～一八世紀に盛んだったF・ベーコン、ホッブス、ロックにより確立され、バークリー、ヒュームによって発展を見た哲学である。そこで有名なのがジョン・ロックのタブラ・ラサ（tabla rasa）で、それは白板のことで、何も書いていないのが心・精神の状態で、白板・白紙のようなものとし、そこに外界から感覚・経験されて知識を得る刻印されるということを獲得観念として、人間論で展開した。また、ヒュームは〝多様な経験の束〟につけた名前にすぎないのが自我であるとして、経験こそ自我で、知識であるとした。この「イギリス経験論」は英国における近代哲学の歴史で、それに対しフランス、ドイツを中心とした大陸の同じく近代哲学である「大陸合理論」の歴史と称されているものと比較されること僅々である。

それら二者の根本的相違は、経験という感覚（感性）由来の帰納的な認識に対比して、理性（合理）であるロゴス、ヌース、ラティォ由来の演繹的な認識による一般的原理のコギトやイデアによる現象の自然を超えた形而上学（自然学を超えた学で「自然学の後に置かれた書」タ・メタ・タ・フィジカ）に由来することにある。また、生れつきもっている生得（生具　innate）するもの（を想起すること）に由来することにある。もともと経験論は、プラトンが真なるものはイデア界にあり、その影なるものを現象界として二分世界に峻別し、感覚で経験する現象界のものはドクサ（臆見）として、すぐに変化するものなので知識（エピステーメ）たり得ないとしたものである。ところが、弟子のアリストテレスがそれに修正を加え、現象界のフィジカ（物質、自然）に拠らなければアリストテレスのいう真なるものの「個物」（ウーシア）は捉えられないとしたことに何がしかの起源を求めることもできよう。

そして、中世でのイデアをめぐってノミナリズム（唯名論）という「個物」中心とそれに対するところのリアリズム（実念論）という普遍概念イデア中心という普遍論争となりもした。さらに近世にはデカルトで「延長するもの」（res extensa）と「思惟するもの」（res cogitans）の心身二元論へと繋がってゆく。〝記述学〟というありのままの事実を収集、整理しようとするものに対応して、それらを秩序づけ、体系づけて合理的に解明しようとする〝説明学〟との対立傾向も生み出した。それは、かつて説かれた「アリ」の収集と「クモ」の巣の秩序、体系づけの説明で、「ミツバチ」の蜜を造り出す有効なものになるというようにでもある。

さらには、経験論は英国経験論の他にその流れを汲む米国のプラグマティズムそして、英米の論理実証主義、分析哲学などがある。

また、カント哲学では意識一般である Ich denke「統覚」で、感覚経験の内容を規制し秩序づけることで、合理論と経験論の調停、統一を図ったことはよく知られている。

そこで、ちなみに経験の新しい定義と経験のもとの感覚別での情報量獲得について大凡だが触れておきたい。

まず、後者の感覚別情報量は、調査により異なるが、視覚八七％、聴覚七％、触、嗅、味覚合わせて六％というのがあり、他のも大同小異である。ということは、大体では目からは九割、耳からは一割の情報量となる。目は見る、観ることでの文字、絵画、映像などの文化（総じて空間表現）と直結していようし、そのアポロン的な観る theoria のことで、理論 theory をも構成してゆく。一方、耳は聞く、聴くことでの音楽などの文化（総じて時間的表現）と結ばれ、ディオニュソス的な生命的根源、深層に碇をおろす。

もう一つの経験の新しい定義の例は、こうである。経験とは〝人が環境一般をくぐり抜け、交わりながら結果を引き出す、交互作用全体である〟というもの。それで、英語の経験 experience を分解すれば、というより由来を探ねれば、そのことを表わしているというのである。即ち、頭の ex は x で〝環境一般〟を、次に続く per は through and out を、最後の iense は you are going に相当するというもので、かくて先の定義となるという。〝人は環境一般（ex：x）をくぐり抜け交わりながら結果を引き出す（through and out）交互作用全体である（you are going）と受けとってよいであろう〟（米、イリノイ大学、フィッシュ教授）。

また、〝行為的自己と環境的世界との相互運動を絶対無が支える〟（後期の西田哲学要約）という定義も加えておこう。

◆沈黙の禅定から論争へ

ブッダの教えすなわち仏教では、論理による争いにはどちらかというと消極的であって、必ずしも積極的ではなかった。論争よりも、むしろ坐禅・禅定などの瞑想で自ら覚る修習《しゅうじゅう》（修行、訓練）に努め、また教えの理解を深める修学《しゅ(う)がく》（学習）に積極的であった。それは『ダンマ・パダ』（372）の伝えるように「智恵なき者に禅定はなく、禅定なき者に智恵はない。禅定と智恵をそなえる人は、ニルバーナに近づく。」に端的である。またブッダの別名、釈迦牟尼とされる牟尼（muni）は聖者であるが、沈黙者の意味でもある。論争には関わらない。

その理由は、ブッダ自身の出家動機として語られる、いわゆる「四門出遊」と関係する。「四門出遊」（『ラリタヴィスタラ』）では、若きブッダ即ち幼名のゴータマ・シッダールタが居城カピラバストゥ城の東門を出て老人に、南門を出て病人に、西門を出て死人に北門を出て修行者に出会ったということが語られ、人は例外なく総て老いてゆき、病めるものであり、不可逆的に逃れる術のない死にゆくことが待っている。つまり生れ出でて老い病み死ぬところの生老病死（四苦）を避けることの出来ない極限の状況としてもつ「苦」のただ中にあることを、ブッダが深く自覚したからにほかならない。この比喩ながら「出家動機」を課題とし、その解決・克服として、出家、修行、禅定、正覚があり、そして説法が続く、そこでは論争は不要であった。

ところが、「六師外道」の六師に代表されるブッダの教説を疑問視あるいは否定する対抗者が出現するに至る。そこに「敵者《じゃくしゃ》の疑惑と対する立者《りっしゃ》の答弁」を要するようになる。この対論あるいは論証は、古くインド思想のバラモン教で、ベーダの時代から、バラモンと王侯、あるいは進んで王侯の御前での公開議論を通して、伝統的に養われていて、インド人の議論好きもこのへんに由来し、インセンティブとして、議論の勝利者に王侯からの財政援助も、また拍車をかけた、とされる。

かくて、論争そしてその論理、論証、総じて正しい真なる知識とその論証の探求が展開されざるを得なくなったのである。

◆都市化と自由思想家の輩出

ブッダの生きた紀元前五世紀前後のインド古代社会、それもガンジス川、中流域のマガダ地方を中心とした社会はどうであったか。農耕による農村生活から、都市による商工業の貨幣経済の生活へと変化する移行期であった。従って、農村生活に基盤をもつバラモン教の権威とその祭祀《さいし》と社会制度のカーストに弛みが生じていた。農村の大家族とそれを束ねる部族の土地・地域の結束の綻びは自由な個人が伸長できる基盤を提供していた。

ここに、古い伝統のバラモン教の信仰と規範と社会制度から解放された新しい自由な思想家が生れ出たのである。多く沙門《しゃもん》（シュラマナ　出家遊行者）と呼ばれ、のち比丘《びく》（托鉢修行者）と同義の修行者たちである。王子として生れたゴータマ・シッダールタもその一人である。二九歳で出家し、六年の苦行を経て三五歳のとき菩提樹の下で成道（成仏得道）したとされる。その悟りの内容つまり正覚を説くべきか否かの逡巡を経て、説くべきの結論に至る。その心理過程がいわゆる梵天《ぼんてん》「勧請《かんじょう》」として、文学形式で語られた、と考えられている。

「世尊よ、法を説きたまえ。……この世間にはなお眼を塵《ちり》におおわれることのすくない人々もある。……もし、聞くことを得れば悟りうるであろう。」（相応６－１、「勧請」、増谷文雄『智恵と慈悲〈ブッダ〉』一〇五頁。また『聖求経』にも「梵天勧請」として、ほぼ同意文が見える）。

全くわからない人だけではない。わかる人もいる。「世尊よ」とブッダ自らに、伝統のバラモン教の梵の名をかりて納得させ、勧め請わせていると考えられよう。遅れて来し者に、先達としての手を差しのべよ、自己命令にして利他、慈悲の行と解し得よう。意地悪い近代人（私もその一人だが）は、自ら悟ったのなら、それでよいので、成道達成後は何も特別になすことは必要ないのでないか、と考えがちだが、ブッダはそうではなく、慈悲ゆたかな教育者でもあった。そう今の私には考えられる。ちなみに七仏通戒偈で有名な過去七仏はブッダを除き、成道後に特別になすことなかった仏たちとされている。

　このようにして、ブッダはその後、最初の教えとして「初転法輪」を鹿野苑《ろくやおん》で、かつての仲間であった五人の比丘に説く。その説くところのものを五人の中で最初に理解したのがコーンダンニャである。コーンダンニャがその教えの証しである阿羅漢の境地に達し、ブッダに受戒を申し出たとき、ブッダの「コーンダンニャは悟った、コーンダンニャは悟った」の言葉は、ブッダの喜びの姿を彷彿させる（『雑阿含経』15、17、「転法輪」）。なお、このコーンダンニャの甥がブッダ十大弟子の一人で長老格で説法第一とされた富楼那《ふるな》（プルナ）である）。そして、他の四人も受戒（五戒など戒律を受け入れ守ることを誓うこと）に至り、ブッダを含め六人の共同生活（サンガ saṃgha 僧伽《そうぎゃ》）がスタートした。ブッダが二人の比丘に説いているときは、三人の比丘が托鉢して食を得、ブッダが三人の比丘に説いているときは、二人の比丘が托鉢して食事をまかなっての六人の生活だったと、伝えている（中部、26『聖求《しょうぐ》経』）。のちの修法・修行の「道場」で、寺院の始まりである。

　ブッダの時代、ブッダの教えもその一つであった百花繚乱の如き自由思想家の輩出があった。それは「サンガ（僧伽）をもち、ガナ（衆）をもち、ガナの師たり」と呼ばれた学派指導者によるもので、学派・シューレを形成し、ガナ（衆）といいサマナ（シュラマナの俗語で沙門）と呼ばれた遊行者は、そのサンガの間を往《ゆ》き来もして、これもまた自由であった。アーガマで伝えるのは「十二見」とされる十二学派の教説、さらに九五種の外道であるが、その中でも有力で代表的なものとして「六師外道」があげられる。六人の学派の頭目で、仏教はのちに自説を「内道」（内教）としたのに対し、異端の教説ゆえに、この六派を「外道」と呼んだ。

◆六師外道の六師

「六師外道」の「六師」の教えをあらまし辿っておきたい。六師とは、①宿命論が要のマッカリ・ゴーサラ、②無道徳が要のプラーナ・カッサバ、③唯物・断見が要のアジタ・ケーサカンバリン、④常見が要のパクダ・カッチャーヤナ、⑤懐疑論が要のサンジャヤ・ベーラッティプッタ、⑥ジャイナ教のマハーヴィラ（ニガンダ）である。

まず、特徴づけて一つの整理をすれば、①②は「道徳」は意味がなく、その因果はあるか否かで、①マッカリ・ゴーサラは善悪には意味がないので、そこからのものは既に決定しているという「決定論」で、因果では「無因無果」という「宿命論」であり、それに反し②プラーナ・カッサバでは道徳の善悪には意味がない、勝手放題が許されるという「無道徳論」で、因果では「因果否定」である。①②は道徳の意味を問うて無意味とするが、同時に総てについての「因果」を問うてもいる。

次に③④は、「死後」の有無についてのもので、③アジタ・ケーサカンバリンは「死後が無い」という「断見」からの死後は何もない、生から死は断たれたまま、いつまでもそのままだという「断滅論」の見解で、地水火風（四大）の唯物論からの「唯物・断見」であり、それに反し④「常見」のパクダ・カッチャーヤナは「死後が有る」という「死すとも死さず」の霊魂「不滅論」で、いつまでもそのままあるというのである。

最後に⑤⑥は「懐疑」判断についてのもの。⑤懐疑論で不常不断のサンジャヤは「不常・不断」という先の③の「断見」を否定する「不断」と④の「常見」を否定する「不常」との夫々を否定したもので、いわば「二項対立の共否定」のこと。「二律背反」（アンチノミー、カントの術語）の〝相互に矛盾、対立する二命題で、同じ権利をもって主張され得ること〟を意味しているともとれるところのもの。例えば、「あの世」は有るか無いかでは、有るともいえるし、無いともいえることで確と知り得ないことなので「不可知論」のこととなる。ブッダが問いに無解答であった「十難無記」の「この世」(世界) は有る (常住) とも、無い (無常) とも、答えを避けた (無解答＝無記) ことにもなるであろう (ブッダは「苦」を抜きとることを重点とすべきと、『箭喩経《せんゆきょう》』で「毒矢の喩」で説くが、それは何製の毒矢かなどを知ることでなく、苦の矢をまず抜くことを肝心とする)。

⑤懐疑論で不常不断のサンジャヤは、文献のアーガマによると、要領を得ない煙にまくような言辞を弄したと受けとられ、「鰻のごとき錯乱」(鰻《うなぎ》論法) とされ、当時の人に「遅鈍、愚鈍」とも表現されていたが、この学派では少なくとも二五〇人の弟子・ガナ (衆) をかかえたところのサンガ (僧伽) であった。私見によれば、非難者に理解不能な言辞を操ったので、理解できなければ非難が返っただけのことで、非難者と同次元の言語レベルではなかったといえよう。このレベル・アップは今日でも難解で努力を要するのは同様であろう。次の弟子の言葉がそれをもの語っている。

もろもろのことは因ありて生ずる
如来《にょらい》はその因を説きたもう
もろもろの滅についても
またかくのごとく説きたもう

「因ありて生ずる」とは、原因あって (後には第二原因の縁が含まれ) 生起する、すなわち「因縁生起」(つまり縁起) を語ったととれよう。「如来」は師のブッダで、「その因を説きたもう」は縁起を説くこと。「滅についても」とは、「因ありて生ずる」ので「因縁生起」のごとく、その因を滅すれば、「生ずるもの」が滅していくと、とれよう。かく弟子は、如来・ブッダの縁起を解説する。

察するに、四（聖）諦の「苦諦」（生老病死など四苦八苦の苦）、「集諦《じったい》」（苦の生ずる因で煩悩の渇愛による）、「滅諦」（苦の因の止滅で涅槃を説く）、「道諦」（苦の滅のプロセスで八正道として説く）であろう。結局「四諦」の生ずる原因を説いた「集諦」と滅する原因を説いた「滅諦」を弟子は語ったのである。のち、サンジャヤの学派の二五〇人はブッダのサンガに吸収され、その中には後の「十大弟子」の二人を出している（舎利弗《しゃりほつ》、目犍連《もくけんれん》）。

⑥ジャイナ教のマハーヴィラ（ニガンダ）は、ブッダの教説と極めて近くのものを説いたので「双生児」と称する学者もいる。ジャイナ教は仏教と共に非正統バラモンの代表的宗教である。マハーヴィラはブッダの教説の廻る「輪廻」と「業説」を共にし、そこから「五戒」を説き「涅槃」の解脱を説くという似たものである。ただ違いは、動植物や地水火風の四大にも霊魂（生命）は宿るとするので、アヒンサー（不殺生）は植物にも及び、厳格な戒律で断食苦行は徹底され、それ故の断食死も容認される。また厳格な戒律を要するのは、身口意《しんくい》という、身体、言語、精神からの行為（業、カルマ）で、霊魂に微細な物質が付着し「業身《ごつしん》」を形成し、霊魂は繋縛されて輪廻するので、そこから脱するためには断食での死も認められる苦行主義なのである。伝えるところでは苦行一二年の後に悟って勝利したのでジナ（Jina　勝利者）といわれジナの教えであるところのジャイナ教となり、また「束縛」（ガンダ）を否定する「離れる」（ニ）ところの派に属したところから「ニガンダ」ともいわれる。

◆ブッダの祇園精舎

サンガ（僧伽、僧院）を率いるようになったブッダは、師として教示、質疑・応答に明け暮れての求道そして托鉢だったと思われる。「祇園精舎」（『平家物語』の冒頭でなじみ）の正式名である「祇樹給孤独園精舎《ぎじゅぎっこどくおんしょうじゃ》」は、北インド・コーサラ国の（都サーヴァッティー、舎衛城の）須達《すだつ》長者がブッダのために寄進したとされる僧院・サンガで、いわば〝ブッダの私塾・道場〟でありブッダが後半生を過ごしたこのサンガのことが『聖求経《しょうぐきょう》』で伝えられている。

「ときに、世尊はサーヴァッティーにおいて托鉢し、食事をとって托鉢から戻ったとき、尊者アーナンダに告げた。」とあり、世尊・ブッダ自身が托鉢をしたことを述べている。また「さて、夕方、世尊は独坐の思惟から立ち上って、尊者アーナンダに告げた。」とあり、世尊・ブッダ自身の独坐・思惟の修行を述べている。つまりブッダにとり、托鉢も坐禅も思索も終生のものだった。身体をもち、感覚あり、食事する生存をつづけているのは、つまりは成道の完璧ではない、なお残りあり、なすべき余りあることだったと推察される。それで有余で、有余涅槃なのであろう（ちなみに「尊者アーナンダ」は阿難《あなん》と音写される、ブッダのいとこで、十大弟子の一人）。そして、ブッダにとり、教示と質疑・応答があり、そこに「知識」と「論証」の問題があった。

◆バラモンの六派哲学

ブッダは、インド・バラモン教の文化の中で育った。それで、バラモン教の根本聖典、リグ・ベーダとその後に続く各ベーダ、そしてそのベーダの末尾であるウパニシャッドによる正統バラモン教の哲学を一瞥しておきたい。古代インドには「六派哲学《ろっぱ》」と称されるものがあり、六派に共通してベーダの絶対性が一応承認されている。ベーダの絶対性とは宇宙の根本原理である「梵」（ブラフマン）の絶対性のことで、人である「我」（アートマン）の生きる目的は「梵」との合一による解脱（モークシャ）であると説く。それで、「我」の有限、相対性にあることの中に「梵」を見出し、そこに帰入・合一することである、とする。因中有果である。心理的には大いなるものから生れ出て、大いなるものへ帰りゆく、故郷を出で、故郷に帰りゆく、故郷忘じ難しのノスタルジーでもあろうか。つまり「梵我一如」を目指すのが生きることとされるのである。この思想はブッダが出現する以前からあり、その盛衰を経ながらもブッダの時代も、そして今日のヒンドゥー教（インド教）へもと基本は受け継がれている。

なお「六派哲学」の成立は、紀元前四～一世紀で、その根本聖典の成立は紀元一～五世紀とされる。「六派哲学《ろっぱ》」とは、正統バラモン教に属するミーマーンサ学派（祭式の考究を主目的とする）、ベーダンタ学派（最有力でベーダの末尾・ウパニシャッドのこと）、それに一応バラモンに属するヴァイシェーシカ学派（勝論《かつろん》で六句義を中心とする）、ニヤーヤ学派（正理で論理・論証をこととする）、そして、サーンキャ学派（数論で分析しての観察）、ヨーガ学派（ヨーガの理論で解脱を目指す）の六つをいう。

正統バラモンの「六派哲学」の最初に属するミーマーンサ学派はこうである。ミーマーンサとは「論議・討究」のことで、それはベーダ祭式の「考究」を通して、それに統一的解釈を与えようとする学派である。ベーダの言葉を「声」として受けとり、その絶対・常住不変性を「声《こえ》常住論」として主張する。生得的・本有的に、その声・言葉はベーダにあるとするので、それを形にした祭式が重じられ、いかにそれを解釈するかが研究される。

次に、ベーダンタ学派は正統バラモンの中で最有力な学派で、ベーダ文献の末尾をなすウパニシャッド（奥義書）による哲学である。ベーダの末尾をベーダンタというところからの学派名である。宇宙の根本原理であるブラフマン（梵）と個人の自我であるアートマン（我）が同一であるという「梵我一如」の思想によっている。のちの八世紀頃、シャンカラが出現して、ベーダンタ学派の不二一元論の開祖となり、梵我一如の思想を徹底して現象界の幻影性を説き、解脱を唱えた。

三番目にヴァイシェーシカ学派（勝論《かつろん》）は、多元論の要素集合説で、集積説とも積聚《しゃくじゅう》説ともいう。「新造説」で「因中無果」つまり原因の中に結果がないところの因果論によって、基体とその属性（限定されるものと限定するもの）で世界を捉える。そこでの「実体」（地水火風、……時、我、意など）は、名詞に対応し、さらに「性質」（色、味、香、触……など）は、形容詞に、「運動」（上昇、下降……など）は、動詞に対応していて、他に「普遍」「特殊」

「内属」を加えた六範疇（「六句義」）で、世界現象を説明しようとする。また、ヴァイシェーシカ学派で注目されるのは、バラモン系ながら、非正統で世俗一般人のもっている知識起源を「直接知覚」（現量）で、「眼によって得られたもの」とすることである。この「知覚・経験されたもの」によるのは経験起源論ともいい得る、ベーダ起源論とは異ったものの出現である。ベーダの言葉・声つまり「耳」から人の「目」への「直接知覚」（現量）へのシフトといえよう。

　四番目に、ニヤーヤ学派は二世紀成立であるが、ヴァイシェーシカ学派の姉妹学派とも同一系統とも称される相補的関係にある。ニヤーヤ学派はインド論理学に一応の体系を与え基礎づけたとされる。このインド論理学を批判、継承したのが、仏教論理学で陳那（ディグナーガ、五〜六世紀）であり、それを継いで展開させたのが法称（ダルマキールティ、七世紀）である。

　インド論理学は「因明」（hetu-vidyā）と称していて、このニヤーヤ学派の体系を「古因明」といい、継承した陳那や法称の仏教論理学は「新因明」とされている。大まかにはニヤーヤの「五分作法《ごぶさほう》」から、陳那の「三支作法《さんしさほう》」の展開である。「因明」（ヘートゥ・ヴィトヤー）とは、インドでの論理学（推論の理由・根拠の学）で、学問区分である「五明《ごみょう》」の一分野を成す。「五明」は、他に文法学の「声明《しょうみょう》」、工学の「工巧明《くぎょうみょう》」、医学の「医方明」、教理学の「内明《ないみょう》」を指す。このうち「声明」の声は言葉で、のち梵唄《ぼんばい》ともなり、雅楽、平家琵琶、浄瑠璃、義太夫、長唄・音頭などの邦楽を生み出す。日本に根づき和讃、御詠歌ともなった。

　五番目に、サーンキャ学派（数論《すうろん》）は「因中有《う》果《か》」で示される原因内在説である。例えばバナナは切っても切ってもバナナである（但し、輪切りで、今日では分子レベルまでとして）。この「因中有果」の原因内在説は、先のヴァイシェーシカ学派の「因中無果」の要素集合説（例えばミルクに発酵菌が加わりバターとなる）のとは対照的である。

サーンキヤ学派の「因中有果」の因果は、原因の中に既に結果があるというもので、原因の中に、結果の性質が等しく存在しているので、それを「数えあげる」（サーンキヤ）分析観察をこととする。サーンキヤ学派は、世界の開展を二元論で説くが、それは純粋精神（プルシヤ）と根本物質（プラクリティ）の二元の間で、前者が後者の束縛から離れるとき解脱すると説く。前者のプルシヤが本来清浄にもかかわらず、生存で苦しんでいるのはプラクリティによるとして、それで、その原因から離れることが解脱であるとする。二元論ながら、このように一元論への傾斜が見られる。このためにヨーガの実習が求められる。

最後の六番目として、ヨーガ学派が登場する。ヨーガ学派は『ヨーガ・スートラ』（二～四世紀頃成立）で、ヨーガの精神統一の「本質部分」では、すなわち凝念《ぎょうねん》（ダーラナ、総持）、禅定（ディヤーナ、坐禅、静慮）、三昧（サマーディ、等持、寂静）へと進む。凝念は心の一定場所への結合・コンビネーションで、禅定は集中・コンセントレーションで、三昧は制御・コントロレーションを意味する。最後の三昧では、世界が光り輝き、意識が遠のくといわれる。仏教では主に禅定、三昧として修行、瞑想がなされる。ヨーガの起源はインダス文明のモヘンジョ・ダロ遺跡から出土した禅定をかたどった印章が見られる。のちバラモンで採用され、さらに菩提樹下のブッダの瞑想に現われもし、ここに学派名として明らかになる。仏教では、瑜伽《ゆが》の音写語や後の禅宗の坐禅（座禅）で結伽扶坐などとして影響することとなる。また、天台宗では円頓止観の「止観」として『摩訶止観』で見られ、健康法としてはハタ（強制）・ヨーガなどがある。

◆ニヤーヤ学派

仏教論理学の陳那や法称は「新因明」を確立・展開したのであるが、その「新因明」は「古因明」と称せられるインド論理学の背景による。インド論理学の「古因明」とは先に触れたインド六派哲学の一つであるニヤーヤ学派のことである。ニヤーヤ（nyāya）とは、「理論・論証」を意味し、もともと「導く」原義の論証方法をいう。それを漢訳では「正理」と訳して、正理学派としても通用している。「理」という語の「おさめる、きめ、ことわり」の意味は、「おさ」の首長が統治・管理することで、木目《きめ》の筋目であり、理《ことわり》の条理、道理、理由のことなので、それを正しい状態で運ぶこととされよう。誤らず、正しく筋を通す条理の論証という理論が正理で論理である、と解された。

ニヤーヤ学派の開祖はガウタマ（五〇～一五〇年頃）で、基本書は『ニヤーヤ・スートラ』（三～四世紀頃）で、その論理学では正しい認識を得て解脱することを目的とする。そこで正しい認識は、「経験」に起源をもち、論理では「五分作法《ごぶさほう》」をとる。ニヤーヤ学派は、姉妹学派であるヴァイシェーシカ学派（勝論）の「経験」である「直接知覚」（現量。プラティアクシャ）に知識の起源を求める。それは、先に触れた「知覚、経験されたもの・眼によって得られたもの」のことである。

◆**現量（直接知覚）**

そこで「直接知覚」（現量）とは、端的に感官と外界物との接触で、言葉以前のそのままの知覚をいう。「如実」（タタター　tathatā）、「諸法実相」、「主客未分」「純粋経験」（西田哲学）などを連想させる「直接知覚」（現量）である。それを『ニヤーヤ・スートラ』では、

「①根《こん》（感官）と境《きょう》（対象）との接触により生じ、

②いまだ定義されざる、

③邪路《じゃろ》におもむかざる、

④決定《けつじょう》を特相とする、

⑤知識を現量と名づける。」と表わす。

注解すれば次のようになろう。

①根《こん》（感官）と……は、感覚器官とその知覚作用のことで、眼・耳・鼻・舌・身の〝五官〟を指し、そこに視覚、聴覚、嗅覚、味覚、触覚の〝五感〟を生むところの五根〝五感官〟をいう（今日では他に痛覚などをあげるが基本は捉えている）。次に、境（対象）とは心の外の世界にある物で対象のことを指す。ここでは〝接触〟を意味するだけで、知識拡大の推論は排除されている。

②いまだ定義されざる、とは言葉つまり概念に未だ至っていない、言葉以前で如実（ママ）なる、無分別的な直接性のこと。

③邪路《じゃろ》におもむかざる、とは誤りのないことで、感官に欠陥がある場合での錯誤、錯覚などがないこと。知の面からいう。のち「迷乱のないもの」（法称）ともいわれる。

④決定《けつじょう》を特相と、とは疑惑のないことで、疑いが疑いを生むような無限定な知を排除すること。

⑤知識を現量と名づける。とは、そのような知識を「直接知覚」（現量）というのである。このことは、ベーダの言〝声量《しょうりょう》〟でなく、生得的本質的な「声《こえ》常住論」でもない。

◆量（プラマーナという手段）

それでは、「直接知覚」（現量）の定義はなされ、何たるかが示されたのだが、それを得る手段は何であるのか。原語「量《はか》る」（√mā）に由来するところのmāṇaで測定、物差しにある（-anaは接尾辞）。「量」はプラマーナ(pramāṇa）の漢訳で、意味するところは「正しい認識を得る方法・手段のこと」であってかつその作用も含む。その手段は、対象に「適合する」もので、かつその「はたらきの効果的である」こと、「欲求の目的に合致する」

ことが認識妥当性の基準であって、量の妥当性の根拠がここにあるとする（初期ニヤーヤ学派のバァーツヤーヤナ）。

今日のアメリカを中心とする「プラグマティズム」との類似性から考えてみたい。プラグマティズムは、プラグマ pragma というギリシア語の〝実践・行為〟に由来し、生物学的適応論を基礎として、真理の基準をプラグマ（行為の結果・効用）に求めたので、認識の妥当性は行為の〝効果〟にあるとする。この関連は、インド・ヨーロッパ語族の同一起源から考えてみてもよいことであろう。補注すると、「量」のプラマーナ（pramāṇa）は、（梵）pra-が「前……」「先……」で、（英）pre-が「あらかじめ」「以前の」「の前部にある」の意で、（羅）prae-が「前に」「先に」「以前に」相当する。後半の -māṇa は「測定」「物差し」「標準」の意で、例えば、māṇa-daṇḍa で「測量用の竿」として使われる。そうするとプラマーナ pramāṇa は「前もっての尺度」とか「先だつ物差し」で、前もっての規準（クリテリオン）にして「規矩《きく》」の規（コンパス）で矩（物さし）のことを指している、といえよう（『梵和大辞典』『羅和辞典』など）。さらに付言すると、唯識説での八識中、第七識はマナ識（末那識）の自我執着心であるが、そのマナは manas の音写で、原義は考えることで、「思量」と意訳され、睡眠中でも恒《つね》に働くので「恒審思量《ごうしんしりょう》」とされる。māṇa の類縁語であろうか。

少し戻る。「正しい認識手段」はプラマーナで「量」であった。その量《はか》るところの手段をもって、量る主体（量者）により、向う対象（所量）から、結果（量知）を得ることとして働く。例えば、メジャー（尺度、量）をもって使う私（量者）により、木の苗（所量）が測られ、五〇センチメートルの高さ（量知）が得られる、というようにである。また彫刻刀（量）をもってそれを使う彫刻家（量者）により、素材木（所量）が彫み込まれ、木彫仏（量知）が造られる、と積極的な表現もできよう。

また、ニヤーヤ学派が継承したヴァイシェーシカ学派の経験起源説では、凡そ次のようにいわれる。その言葉は

「アートマンと意と感官と対象領域との和合から生じる」である。つまり、アートマンの「我」と「意識」と感官の「六根」と対象領域の外界で「境」界との和合の「和《あ》え（もののように）合わせる」と解してみることができる。そうすると「六根」で「六境」を造る意識など「六識」の「我」の和合（ハーモニー、調和）として認識は構成される、といい得よう。つまり、「我」のもと「六根」で「六境」を造る「六識」を呼応、和合させる、といえる。ということは、先の「量」「量者」「所量」「量知」のことであって、〝例示のメジャー（量）をもって、私（量者）により、苗木（所量）が測られ、高さ（量知）を知る〟ことの内在化といえよう。

「量」はプラマーナで「正しい認識手段」であった。そこで得られた「量知」は認識された知識である。その知識をニヤーヤ学派では四つあげる。すなわち「直接知覚」（現量）から、「推量」（比量）そして「類比」（譬喩量）「信頼さるべき人の言葉」（聖教量）の四つである。この四つを『ニヤーヤ・スートラ』では、次のように説明する。「直接知覚」（現量）は、そのままの知覚で、六根と六境の接触で、錯誤に陥らない、未定義（未言語）の知覚をいい、如実（タタター）の経験としてある、と。

◆比量（推論）

次の「推論」（比量）は、直接知覚（現量）に基づくもので、三種ある。⑴前を有するもの（有前《うぜん》）と、⑵後を有するもの（有後《うご》）、そして⑶共通的に見られるもの（共見《ぐうけん》）とである。これら三種の区分は、原因である徴表（証相）が、前か後か、共にあるかでのものとバァーツヤーヤナは説く。すなわち、⑴有前とは、雲が増すという原因から、雨が降るだろうという結果を推論することであり、⑵の有後とは、河川の増水という結果は、上流に降雨があった原因からと推論することである。そして⑶の共見とは、人に歩行ある如く、太陽にも運行あると推論することである（夜の太陽は暗くてわからないのだが）。

既に述べたことをもとにして整理し、かつ補足してみる。

正しい認識手段（量）の量は「先だつ物差し」で、手段のことであり、現量は直接知覚であり、比量は推論であった。現量は言葉にできない定義以前（不可言）だが、比量は伝達が可能（共相《ぐそう》）で公共性をもっていて対照的である。

語義を探ると、現量（直接知覚）はプラティアクシャ pratyakṣa で、前半の prati- が「対して」「前に」で、それに後半の -akṣa が意味する感覚器官（特に眼）とが結びついた直接知覚で、眼前にある一目瞭然な知覚のことである。また、比量（推論、推理、論証）は、アヌマーナ anumāna で、先頭の anu- が「後に」「従属して」の意味で、中間の -mā- が「量《はか》る」ことで、末尾の -ana が「接尾辞」と分解でき、直接知覚（現量）の後に言葉となり公共性をもつ推論、推理、論証を表わしている。

先の『ニヤーヤ・スートラ』での知識四つのうち二つの説明を了えたので、三つ目に移る。

三番目に「類比」（譬喩量）は、「一般に承認されたものと同種類の性質をもつことにもとづいて証明さるべきものを証明するものである。」

最後に、「聖教量とは信頼さるべき人の教示である。」それは二種類であって、「経験されるもの」と「超経験的なもの」とである。

◆経験起源の現量

インド論理学の「ニヤーヤ学派」は、古代インドのベーダの絶対性を一応認める六派哲学の一つであったが、先行した「ヴァイシェーシカ学派」（勝論）が世間一般人の世俗で主張された「直接知覚（現量）」を経験起源としたのを受けて、知識の拠り所とした考えを継承した。ここにベーダの「声《こえ》常住論」に対立して「現量常住論」または

「経験常住論」とも称すべきものの出現を見て、ベーダ哲学の絶対性に「ひび割れ」（クラック）が兆した。このベーダ絶対性「ひび割れ」は、実はもっと古くブッダの時代に、自由思想家たち、すなわち「六師外道」の六師、それにブッダ自身の出現としてあったのである。

◆推論（比量）から対論へ

そこでの「直接知覚（現量）」は、自己のための推論（自比量または為自比量、言語不要）はさておいて、他者に示すための「他比量」（為他比量）は秩序正しく言語で表現されることが必要となる。もともとインド人はバラモン文化の中で長く、王侯が推奨したこともあり論争を好み、また分析好きであった。ただ、ブッダは必ずしも、アーガマからうかがえるのはそうではなく、むしろ後世にブッダの教えが解釈された龍樹の「戯論」のように、言論に消極的で慎しむべきことで、むしろ瞑想、坐禅が奨励された。ただ、ブッダ自身に六師（のち六師外道とされた）などの論敵がおり、「ニヤーヤ学派」でも同じく、一定の言論自由の下、公共での対論が必要だった。そこで「直接知覚」（現量）から推論（比量）、なかでも「他比量」への展開で論理の形式が求められた。すなわち、「敵《じゃく》者の疑惑と対する立《りっ》者の答弁を含む」論証形式が求められた。いうまでもなく、論敵を負かし、かつその知識拡大のためである。

◆因明（五分作法から三支作法へ）

『ニヤーヤ・スートラ』では、論証形式を定義して次のようにいう。「〔論証〕の肢分とは、主張（宗）・理由（因）・実例（喩）・適用（合）・結論（結）である。」と。これを「五分《ごぶ》作法」という。例をあげると、〝あの山に火がある〟という「主張」（宗）は、〝煙あるゆえに〟の「理由」（因）からで、〝煙があるのは火がある、という（カマドの如く）〟「実例」（喩）に示されていて、〝カマドの如く〟「適用」（合）され得るので、〝ゆえにあの山に火がある〃という「結論」（結）となる。

のちの陳那（ディグナーガ、五〜六世紀）の「三支《さんし》作法」へと、この「ニヤーヤ学派」の「五分作法」は刷新される。陳那で「因明」（ヘートゥ・ヴィディヤー　hetu－vidya）は確立されるので、「ニヤーヤ学派」のは「古因明」といわれ、陳那以後のそれは法称などのを含め「新因明」といわれる。

陳那の「三支作法」は「五分作法」の五肢分中で、前の三支（三段）をあげて十分とする。つまり「主張」（宗）と「原因」（因）そして「実例」（喩）との三支である。この陳那の批判論拠は「三支作法」にある論証因の条件規定として「因の三相」と、その三相を満たす因の吟味方法である「九句因《くくいん》」を必要とするからだという。つまり「九句因」による「因の三相説」で十分で、そのことで演繹的論証に改めたというのである。演繹的論証とは、前提から論理的必然で、数学のように結論を導くというものである。従って、この論証は既知のことを明らかにするだけで、新知識を得るものではない。論理学は、この演繹が中心で、知識拡大は帰納的で「実例」（喩）だが、論理学の中心ではない。

従って、アリストテレスで定式化された推論形式の「三段論法」（シィロギスムス）ではない。「三段論法」は、いま定言的三段論法で考えると、「大前提」major premise、と「小前提」minor premise から、「結論」conclusion が導かれるというもので、有名例で見ると「すべての人は死す」と「ソクラテスは人である」の二前提命題から、「故にソクラテスは死す」の結論に至るというものである。二つの前提命題に、結論は内包されていて、この展開で、新しい知識の獲得があったわけではない。既に明らかだった大、小の前提に含まれていた知識を明確に導出しただけである。

それに対して、陳那の「三支作法」は、「主張」（宗）「原因」（因）「実例」（喩）で、最後の「実例」（喩）において、新しい知識あるいは知識の拡大があり得るのである。つまり、例示すると臓器移植や自己細胞培養の再生医療、それに万能細胞のＥＳ細胞、ＩＰＳ細胞の研究、医療応用などの「実例」（喩）によって、将来的には死なない、またはそれに近い人間が出現するかもしれないから、「大前提」の「すべての人は死す」とはいえない。また「人」の概念、定義が変るかもしれないが、つまり〝半ロボット人間〟（知性漸増、獣性漸減）のようなものをイメージできるように「すべての人は死す」との断言は控えた方がよいともいえる。というように、陳那の「実例」（喩）では、先の大前提の命題のように「一定の限界の内」で主張されるべきで、その限定的な相対性は、絶対的立言を許さない。「実例」（喩）という経験に依存していて、その限りで帰納的意味あいがある。立言は経験、感覚、身体性、生活のような現実性から離れてはならないという、現実乖離の恐れが、そこにはある。

それはまた、時間において存在からの乖離、すなわち、「絶対時間」（ニュートン・カント等）の恐れとの相似性でもあろう。「相対時間」（Ｅ・マッハ、アインシュタイン等）の存在と時間は、有と時は相即つまり「いはゆる有時《いうじ》は、時すでに有《いう》なり、有はみな時なり。」（道元『正法眼蔵』有時の巻）であり、時間は存在物の変化を表わしたのであって、別にそれが独立して絶対的にあるわけではない。「有時乖離」ではない。古く華厳思想にもある「時に別体なし、法（事象）に依って立つ」（「時無別体、依法而立」）と主張されたようにである。

ともあれ、陳那の「三支作法」の「主張」（宗）「原因」（因）「実例」（喩）には、立言は経験、感覚、身体性、生活のような現実性から離れてはならないという恐れから、帰納的意味あいがある。先に述べたとおりである。

そこで、『ニヤーヤ・スートラ』の「五分作法」を、陳那が「三支作法」に纏め、それで十分としたのは、「九句《くく》因《いん》」と「因の三相」説から説いてもいるが、事例でそれを次により考えてみれば、より明瞭である。それを示してみる。

『ニヤーヤ・スートラ』の「五分作法」	陳那の「三支作法」
〈宗〉（主張）「声は無常である」	〈宗〉「声は無常である」
〈因〉（理由）「原因によって生じるから」	〈因〉「原因によって生じるから」
〈喩〉（実例）「瓦などのように」	〈喩〉「瓦などのように」
〈合〉（適用）「瓦などは因によってつくられ、無常である」	（「瓦など」の例を〈因〉と〈宗〉で再考する繰り返しである。）
〈結〉（結論）「それだから声は無常である」	（それで、再び〈宗〉と繰り返す。） （結果、九句因、三相の条件下だが、〈合〉、〈結〉を不要とする。）

なお「声は無常である」の引用例は、ミーマーンサ学派の「声《こえ》常住論」での「声」を考えさせ、ベーダの絶対性を強く主張する、姉妹学派のベーダンタ学派ともども、その絶対性に対する相対性ないし因果（縁起）への移行を示しているといえよう。ブッダ（紀元前五～六世紀）の縁起説をとり入れている、といえそうだ。「声《こえ》常住論」から「声無常論」の因果論移行はベーダの絶対性から、ベーダもまた無常なるものという転換を示していて、また絶対の〈声《こえ》〉での命令・服従から〈眼〉での観察・因果での承服・納得への転換といえそうだ。

日本語で、聴き入れて従うことを「聴従」といい、ドイツ語でGehörは、聴くhörenの過去分詞をつくるge-前綴りでの合成語もやはり聴き入れることで、共に「傾聴・服従」することである。「聴く」ところの「耳」は、いうことをきく、というように、「見る」ことより以前の原初的伝達性があり、猿人など家族、チームで行動していたとき、耳は目に優先して、敵や餌の情報をもたらしたにちがいない。

少なくとも、『ニヤーヤ・スートラ』（三～四世紀頃成立）の「五分作法」はさておいて、陳那の「三支作法」では明らかで、陳那（五～六世紀）は、大乗仏教の二大学派の一つ唯識派の立場に立っていたので当然でもあったのだ。

第Ⅱ編　仏教：流れからの解脱（モークシャ）

――ブッダの教え（還滅逆観）

第一章　ブッダの悟りと哲理
第二章　十二因縁の順観と逆観
第三章　龍樹の「前後時間」と「過現未時間」
第四章　龍樹の「去者則不去」論とゼノンの「飛矢静止論」

第一章　ブッダの悟りと哲理

第一節　ブッダの悟り

1　ブッダの悟りとは

ブッダは菩提樹下で、結跏趺坐して悟ったと口承され、記録されているが、それはただ伝えられているだけの後世の創作なのか、それとも根拠あることなのか。それを探りたい。それで根拠があるならばさらに何を悟ったのか。何から目覚めたのか。

◆目覚め

目覚めた人、覚者を語源で「ブッダ」という。漢訳して「仏陀」「仏」出身種族から「釈迦」ともいう。その「ブッダ」(buddha) の語義は、パーリ語の「ブドウ」という「自動詞」の過去分詞形であって、従って目的語をもたない。それで「他動詞」の「～に」「～を」悟った人ではない。そうではなく「自動詞」の「～から」目覚めた人、その意味で悟った人である。つまり、覚者「ブッダ」は、語源から他人の「執着を」悟ったのではなく、自らの「執着から」目覚めた、執着する自覚なのである。それは後世「還《かえ》りてこの還心《かんしん》能《よ》く無心を知る」（『無心論』）でもあろう。この場合、当のブッダを含む「過去七仏」（即ち、毘婆尸仏《ひばしぶつ》、尸棄仏《しきぶつ》、毘舎浮仏《びしゃぶぶつ》、拘留孫仏《くるそんぶつ》、拘那含牟尼仏《くなごんむにぶつ》、迦葉仏《かしょうぶつ》、釈迦牟尼仏《しゃかむにぶつ》の七仏）からの複数形でも、ゴータマ・ブッダのみの単数形でも、いずれでもかまわないであろう（『ブッダの真理のことば・感興のことば』中村元訳、三五三頁）。要は自己の執着から目覚めたその人をブッダという。

それでは、さらに詳細に「何から」目覚めた・悟ったからブッダというのか。

一般にいわれるのは、菩提樹下で結跏趺坐し、正覚《しょうがく》を成就し、その内容は「十二因縁」（十二縁起、十二支縁起とも）と観察したものの自内証を得たこと、その後、それを説くため簡略化して「四諦《したい》」（「四聖諦《ししょうたい》」とも）に組みかえたことだというのである。この論拠としては『ウダーナヴァルガ（感興のことば）』（第12章4、第26章18、第27章34など）と、律蔵・大品（1．6）があげられている（山口益『般若思想史』一八頁）。従って、後世の創作ではなく、根拠のあることとひとまずはいい得よう。

そこで思うに、「何から」目覚めたから「ブッダ」というのか、ひとまず「執着から」としたが、さらに内容を「十二因縁」としたが、そのときを思い巡らすと、〝ハッと気づき〟、再三再四と考え重ねるにつれて確たるものになっていったところの〝わかった〟自覚ではないか。それまで生存するということは生死する輪廻の中で再生（「祖道」）するか、はたまた苦行の末に神の道（「神道」）へ至るかの伝統的バラモンの教義にあった。そうなのだが、ブッダにとってはそうではなく、生死にあり、その苦と感じとられていたものの根源に「無明《むみょう》」という根本的無知を自らに明らかに覚《さと》ったすなわち自内証《じないしょう》したのではないか。その「無明」を根本とする「十二因縁」の自らに目覚めたところの自覚ではなかったか。

◆無明

それで、根本的無知の「無明」自覚は、苦しみ徹底の結果として生み出された、と考えられる。苦の原因究明が、すなわち輪廻転生する輪にある苦しみ、つまり「行苦」の原因究明が「無明」自覚の結果に辿りついたに違いない。苦の徹底は、その脱出口である解決策のドアを開けたのだった。

◆十二因縁

「無明」は「十二因縁」の根源、根本にある。十二に分けた項目（支え）である十二支分の最初にあげられる。その最後には苦を代表させて「老死」があげられ、最後の「老死」は再生するとき、最初の「無明」に戻り、循環を繰り返す。これを輪廻（サンサーラ）という。その十二支分は、すなわち「無明《むみょう》」「行《ぎょう》」「識《しき》」「名色《みょうしき》」「六処《ろくしょ》」「触《そく》」「受《じゅ》」「愛《あい》」「取《しゅ》」「有《う》」「生《しょう》」「老死《ろうし》」である。最初は最後である。そして再び最後は最初である。いってみれば、苦の輪に閉じ込められた逃げられない苦の中にある。

その「十二因縁」は整備、体系化されたもので、整備以前には簡明直截な「因縁」があったと思われる。すなわち「三支」「四支」「六支」「十支」として、夫々の因縁があり、アーガマ（阿含経）にある先の『ウダーナヴァルガ』で説かれている。

◆三支因縁

その一つ「三支因縁」は、「無明」（根本的無知）から「取」（執着）が、その「取」から「苦」（老死）が生じる、というもので、いともシンプルである。つまり《無明→取→苦》である。

そこでの「苦」（老死）は何故生じるのかというと、「取」（執着）に縁《よ》るのであり、その「取」（執着）は何故生れるのかというと、それが「苦」(老死)をもたらすことを知らない「無明」だから、というのである。つまり《苦←取←無明》である。それで「無明」を滅すれば「取」も滅し、そして「苦」もまた滅するのである。原因を「順」に追い、それで「逆」に追って「苦」の現実を消滅させようとする。「順」「逆」の二観なのである。

以上は「三支因縁」であるが、支分が少ないだけ素朴、簡潔で、骨格が明快である。これを詳しく説いたのが「十二支」の「十二因縁」である。「無明」から「行」が、「行」から「識」が……「老死」と縁生することを「順観」し、その「逆観」によって「無明」滅し……「老死」滅するとなる。業により転ずるので業感縁起と称され、その縁起は流転縁起の順観と還滅縁起の逆観である。

「十二因縁」という詳細な縁起説からは、「初転法輪」で説かれる「四諦」とその実践である「八正道」が導き出される。「苦」の分析から、生老病死《しょうろうびょうし》の「四苦」とそれをさらに拡げて「八苦」が摘出される。そこでの論理として「縁起」という「此縁性《しえんしょう》」の相依り相待つところの実体否定の依存関係が明らかにされる。

そこに、「三法印」という仏教の教えの根本的な旗印がある。「三法印」とは、「諸行無常」「諸法無我」「涅槃寂静」である。時として、諸行すなわち「作られたもの」(有為)の現象は常なき移ろいゆくところの「無常」である。また、我として諸法すなわち「存在」(衆生、有情)は自性なき空なる「無我」である。そして執着(取)する煩悩と喩えられる火の炎が消されて、静かな安心、平静に至る。ニルバーナ(涅槃)に至る(「一切皆苦」を加え「四法印」ともされる。『ダンマパダ』(法句経、真理のことば)第20章「道」277~。『ウダーナヴァルガ』(出曜経、感興のことば)第12章「道」5~。両経ともに「道」と題された章である)。ゴータマ・ブッダは、生死輪廻する苦しみの老死を厭うて、求めたのは安心の静かさである。しかも、求めようとしたのでもないところの現前したところの安心の静かさであろう。そこに効果していたのが瞑想である結跏扶坐の坐禅であり、成果していたのが「平静」でなかっただろうか。それが、ゴータマ・ブッダその人であり、覚者ブッダである。

◆四諦

ここで、「四諦」（四聖諦とも）とは、苦諦、集諦《じったい》、滅諦、道諦の四つの真理（諦はサチヤで真実のこと）をいう。合わせて「苦集《じゅう(じっ)》滅道」ともいう。

「苦諦」（ドウフクハ）とは、生まれることは苦しいということをいい、詳細に生まれる母胎に宿る最初の刹那を生《しょう》という。厳密には生れ出る誕生の産道を通過することや、生きること生存ではない。煩悩の着火であって、燃焼ではない。「生《しょう》」の苦と病み老いることの「老《ろう》」「病《びょう》」それに「死《し》」の苦の「四苦《しく》」をいう。さらに「八苦《はっく》」として「四苦」に加え「愛別離苦」（愛するものといつかは別離する苦しみ）、「怨憎会苦《おんぞうえく》」（憎らしい人と出会う苦しみ）、「求不得苦《ぐふとくく》」（求めるものが得られない苦しみ）、「五陰盛苦《ごおんじょうく》」（生命欲が盛んになることでの苦しみ）があげられる。これら「四苦八苦《しくはっく》」、さらには、愁い、悲しみ、苦痛、憂い、悩みも含めて「一切皆苦」の真理として「苦諦」がある。

次に「集諦」（サムダヤ）とはその苦の原因（集まり起ること）は何かというと、世の無常と執着（取）、煩悩（渇愛）にあるという。止《とど》まることなき変化と喉の渇きに似た飽くなき生存欲が苦の原因だとする。内なる「惑」、外なる「業」（行為）そして苦が生ずるとするこの惑業苦によって人間は輪廻流転するのだという。

そして「滅諦」（ニローダ）とはその原因を滅すること、つまり執着、煩悩（渇愛）から離れることが、苦しみを滅することと、悟りに至るという。そのために「道諦」（マールガー）の八つの行ない「八正道」を実践することが求められ、これが修行である。

この「四諦」を『スッタニパータ』（七二三）では「二種の観察」としてブッダは修行僧たちに説いている。

「『これは苦しみである。これは苦しみの原因である』というのが一つの観察である。『これは苦しみの止滅である。これは苦しみの止滅に至る道である』というのが第二の観察である。」

「苦しみ」の苦諦と、「原因」の集諦の観察と、それに「止滅」の滅諦と、実践する「道」の道諦の観察との二種から成るところの四諦である。

これらは、病気を治す四つのステップとしても喩えられる。すなわち「苦」が病気の〝診察〟に当り、病気「原因」の〝診断〟、「止滅」の〝処方〟、実践「道」の〝投薬・手術〟とされる。これらを「治病四訣」という。ここから、ブッダは苦の病いを癒す「大医者」と称せられた。薬師如来、薬師仏の薬師は、この医師であり、従ってブッダ（如来）、菩薩は心の苦の病いの医者に喩えられるのである。

要は、課題把握、その原因究明がなされるなら、その原因除去を明らかにし、次いでその実践をすること。それで課題は解決するということである。明快・クリアにして合理的・ラショナルである。明快で合理的だが、問題はその内容である。

また、ブッダ晩年の記録でも、先の「二種の観察」と同じ内容を「四つのすぐれた真理」（四諦）として修行僧に諭している。のちに、つづけてさらに説く。

「……尊い真理をさとらず、通達しないが故に、この長い時間にわたって、わたしもお前たちも、このように流転し、輪廻したのである。」（南伝大般《だいはつ》涅槃経第2章―2．大パリニッパーナ経で『ブッダ最後の旅』とも。なお、この『涅槃経』と称される経典は二種あり、別に大乗のものがある）

ここには、先ゆく師と遅れたる弟子の師弟関係があるが、同じ流転に苦悩する生ける者同士の対等の目線がある。のち、禅の六祖慧能が弟子法海に「吾汝《ごにょ》」と語る。生ける者同士の目線であろう。

◆八正道

「四諦」の苦集滅道の最後「道諦」は止滅の実践道だったが、それは「八正道《はっしょうどう》」として説かれる。すなわち(1)「正見」、(2)「正思」、(3)「正語」、(4)「正業《しょうごう》」、(5)「正命《しょうみょう》」、(6)「正精進」、(7)「正念」、(8)「正定《しょうじょう》」のことである。ここで「八正道」の「正道」は同音の「聖道《しょうどう》」で「聖なる道」を意味する。「聖求《しょうぐ》」する実践（パティパダー）のことである。その「聖求」とは「みずから生けるものの存在にして生けるものの過患《かげん》（すぎるうれい）を知り、……ニルバーナ（涅槃、さとり）を求める。」（『聖求経』）ことなのである。それに反し、「みずから生けるものの存在にして生けるもののみを求める」ところの「非聖求《ひしょうぐ》」と区分される。端的に、生命的、本能的な自然的な生の追求でなく、聖なる宗教的な生の追求こそが「正道」「聖道」であり、「苦集滅道」の実践道である。脱自然の宗教的なものの道である。

その「八正道」とは、次のこととして『初転法輪経』で説かれる。

(1)「正見《しょうけん》」とは、正しい見方・考え方（見解）のことで、この世界をよく観察して縁起を四諦をそこに見ることをいう。すなわち邪見妄見を離れることで、あるがままそのママに観ることである。この後に続く七つの正道が目指すところである。

(2)「正思《しょうし》」とは、正しく思う（思惟《しゆい》）ことで心のありようとして正しく考えられていることをいう。すなわち、邪心いだかず、身口意《しんくい》に発する業（行い）と称する「三業《さんごう》」での「意業《いごう》」を離れることをいう。つまり、「意業」に関わる貪欲《とんよく》（どんよく、むさぼり）、瞋恚《しんい》（いかり）、愚痴（無明と同じ。道理なきおろかさ）の三つから離れること。すなわち貪瞋痴《とんじんち》の三毒から離れることをいう（のちの『倶舎論』13から）。

(3)「正語《しょうご》」とは、正しい言葉を語ることで、嘘をつかない、人を貶《おとし》めないことなどをいう。三業での「口業《くごう》」

から離れることをいう。「口業」に関わる妄語（うそをつく）、綺語《きご》（偽って飾る）、悪口《あっく》、両舌（二枚舌を使う）の四つから離れること。

(4)「正業《しょうごう》」とは、正しい行ない・業（行為）をすることで行動を正しく、盗まない、殺さないことなどのことをいう。

三業での「身業《しんごう》」から離れることをいう。「身業」に関わる殺生、偸盗《ちゅうとう》（ぬすみ）、邪婬《じゃいん》（よこしまでみだら）の三つから離れること。

(5)「正命《しょうみょう》」とは、正しく生きる（生活の）ことで、正しい生業《せいぎょう》（なりわい）で世をわたり、規律を守ること。これと「三業」とを合わせて、正しい現実生活を表わす。

(6)「正精進《しょうしょうじん》」とは、正しい努力（精進）のことで、正しい悟りへの道（正道）に怠りなく励むことをいう。苦行でなく、また反対の安逸で贅沢でもない「二つの極端を離れる」中道につくことである。

(7)「正念《しょうねん》」とは、正しく念ずる（思念）ことで、正しく思い続ける記憶（憶念）のことをいう。努力の「正精進」が第一の「正見」に至るよう念じ思い続けることである。時として、仏像の姿を念ずることで、邪念のないこと。そしてのちには、念仏三昧ともなる。

(8)「正定《しょうじょう》」とは、正しい瞑想・禅定（三昧）のことで、精神の統一から集中した心が清浄なる悟りにはいること。平静な心になること。「自仏これ真仏なり」（慧能）だが、「心迷えば即ち仏も衆生」で、それ故に「只管打坐《しかんたざ》」にして「修証一如」（道元）とも説かれる。

以上の「八正道」すなわち八つの「正道」で、それは苦の原因である「喉の渇き」に似た執着とされる渇愛つまり欲愛、有愛《うあい》（つよい生存欲）、無有愛《むうあい》（タナトス）を滅する実践である。

◆仏伝

ブッダの伝記を仏伝というが、その代表として『ブッダ・チャリタ』を見る。ブッダが菩提樹下で坐禅し、正覚を成就した悟りへの過程と、そこから「初転法輪」に向う心理を活き活きと描いている伝記である。古来、仏伝の中で白眉と称せられている。その一部を少々長いが引用する。

「……彼は地獄に堕《お》ちたもの、動物の胎に宿って動物となって生まれ変ったもの。餓鬼となって苦しんでいるものたちを観察し、……一方、善行・功徳を積んで、その結果天国に生を享《う》けたものども、……愉しい生活を享受するが、福業《ふくごう》が尽きた暁には、……地上に再生せねばならない運命にある。……いわゆる六道輪廻……所詮は地上に再生することとなる。」

（注、「六道輪廻《ろくどうりんね》」とは、衆生が自らの業《ごう》によって、地獄、餓鬼、畜生、修羅、人間、天上の六つの迷界におもむき、生死を繰り返す（輪廻する）こと。六趣とも）

（注、「業《ごう》」（カルマン、カルマ）とは、行為（身口意の三業）のことで、善《よ》い行ないから善い結果（善因善果）など と因果応報の思想ともなる）

「これらはいずれも業のいたすところで、輪廻の世界にあるかぎり、人はけっして安住の地を見出すことができない。……夜の第三更に、今度は人生の苦がいったいどこからくるのかを探ってみる。かくて老死の苦よりはじまって、その因をたずね、つぎつぎに因果関係をたどっていって、ここにいわゆる十二因縁の系列の発見となった。

ついで、夜の第四更、ようやく曙光《しょこう》がきたしたとき、彼はついにさとりを開いて覚者ブッダとなり、……解脱の道を発見することとなる。彼は、その後、七日間、同じ樹の根本に坐していたが、さとりの内容を世人に説き明かそうと決心して、ベナレスに向かい、それより仏教の開教説法がはじまるのである。」（『ブッダ・チャリタ（仏陀の生涯）』原実訳、大乗仏典13、『仏所行讃』とも。馬鳴作で四世紀頃か）。

（注、「更《こう》」とは、日没から夜明けまでの夜を、初更から五更までに区分した時刻。それで、第四更は午前一時〜三時にほぼ相当し、丑《うし》の刻、丁夜《ていや》に当る）

◆なぜ人に説くのか

ここでブッダは「解脱の道を発見」し、七日間坐し、「さとりの内容を世人に説き明かそうと決心」したと述べてあるが、しかし、それは順調にではなく、悟りの正覚に辿りついた者の不安としての孤独にして逡巡があったのである。「無師独悟」すなわち、師をもたずに、独りで悟り至ったことでの躊躇なのであろう。この経過を阿含経（アーガマ）が記録している（『雑阿含経』「尊重《そんじゅう》」。また『聖求経』〈梵天勧請〉）。

「わたしは、むしろ、わたしの悟った法、この法をこそ尊重し、親しみ近づいて住すべきではないか。」

そこに、「梵天」が天界から下り、ブッダに法を説くことを勧請《かんじょう》・請い願った、というのである。これは、「梵我一如」でよく知られる正統バラモン教の宇宙の根本原理である「梵」ブラフマンと個別原理である「我」アートマンとが本来的に同一であるという教義の原理なのであるが、その「梵」（信ずる神として梵天という）が下ってきて、ブッダに説くことを勧め願ったというのである。

これは、「梵天説話」の文学形式であって、心理描写したものと解釈されている（増谷『智恵と慈悲〈ブッダ〉』一〇一頁以下）。ここでの心理的葛藤は、「所信が確立」した時の「梵天勧請」だが、反対に「疑念の抬頭」では「悪魔説話」が使われていたともいう。コンフリクトの説明方法として説話が使われたというのである。このようななかで、「梵天」は次のようにブッダに勧めている。

「世尊（ブッダ）よ、法を説きたまえ。……この世間には、なお眼を塵《ちり》におおわれることのすくない人々もいる。……聞かずは堕《お》つ、……法を聞かば悟り得る。」

ここに、遅れて来し者へ手をさしのべる先導者にして教育者の説法者ブッダが誕生するのである。「自内証の法門」を得て、「他者教導の法門」へ転じることなのである。のちに、「上求菩提《じょうぐぼだい》」を達成しつつ、「下化衆生《げけしゅじょう》」に努めたところの「慈悲」に連なる動きなのでもあろう。

2　悟りの内容の諸説

ここまで、ブッダの悟りとは、と問うて、「無明」からの「目覚めた人・覚者」ブッダと理解し、十二因縁に結びつけてきた。「十二因縁」は詳細な整備されたものなので、まずは、それ以前に考えられた素朴で骨格明快な原型と思われる幾つかある支分の「三支因縁」を例に解明してみて、苦（老死）があるのは取（執着）に原因があり、さらに無明（根本的無知）に原因があるからなので、無明を滅すれば取なく、取なくなれば苦滅するといとも簡単な道理なのである。この「三支因縁」が説かれ、さらに「四支」「六支」「十支」も説かれ、その完成型が「十二因縁」となったと解釈した。

ところが、「十二因縁」は完成型ではないとの異説がある。未完成だとするのである。また、縁起と悟りは関係なく、経典に頻出する「法」（ダルマ、ダンマ）を前面に押し出し強調する説などもある。

①「法を悟った説、平川説」

ある高名な学者は、次のように説く。

〝仏陀は「法」を悟った。四諦も縁起も含まれるところの「法を悟った」〟と説く。その理由は〝自分より完全に悟った人を見ないから、自分の法を尊敬しようとしてである〟とする。その結論を得るために、かつて「阿含経」(アーガマ)に分け入って十五種の説をあげた先達の研究(宇井伯寿)を踏まえる。その十五種説のうちで優勢な「四諦説」「十二因縁説」「四禅三明《みょう》」を取り出して、それら三説を批判する。まず「四諦説」は成道内観の生《なま》の形と見るには難点があり、次に「十二因縁説」は完成した形で、素朴な縁起説で原初と見るには難点がある。最後の「四禅三明」は比較的新しい説なので難があって採り難いとする。ただ、そのうち「十二因縁説」は成道内観の形を備えているとしての留保を要するとしても結局、それらとは別の説である「法を悟った」の結論に達する(平川彰『インド仏教史　上巻』四〇頁)。

②十二因縁の「未完説、三枝説」

また、ある高名な学者は、三支、四支などのように縁起説は色々に説かれたので、統一・完成に至らなかったと強く主張する。「十二因縁」のいわゆる「自内証の法門」という四諦の背後にあって表面に出さずにあったものを「すこぶる疑わしい」とする。「自内証の法門」の論拠である『ウダーナ』『パーリ「律蔵」の大品《だいぼん》』などに、それらは見られるが、それは「後代における経典編集の際の所産(もしくは口伝過程における成立)であることは、……疑問の余地はない。」とする。「このとき『十二因縁』説がさとられたとするのは、後世の措置であることは明らかである。」と念おしする(三枝充悳『インド仏教思想史』三二頁)。

③「曖昧模糊説、中村説」

また、別の高名な学者は詳細に検討した上で、ほぼ同意見の主張をする。ブッダは「なにをさとったか」として、それまでの「伝承」を「十二因縁をさとったという伝承」と「その他の伝承」として二分し紹介しかつ批判する。前者の「伝承」では、律蔵、ウダーナ等を比較・検討して、結果「……釈尊はすでにさとりを開いたあとで、しばらくたってから十二因縁を観じたのであり、縁起説とさとりのあいだに本質的な連関は存在しない。」と、さとりと縁起説との連関を否定する。一方、後者の「その他の伝承」は、「ある経典では、人生が、生れ、老い、病い、死、憂い、汚れにみちたものであることを厭うてニルヴァーナを得たと説いている。」とする（中村元『ゴータマ・ブッダⅠ』中村元選集第11巻、四〇三頁。『中阿含経』第56巻など）。そこで「ゴータマ・ブッダのさとりの思想史的意義」として、〝さとりは不安定、曖昧模糊たるものか〟と問うて、〝そのとおり〟と答え、①特定の教義がないので推測して解釈され、②現実の人間あるままに即してとし、③思想史的には、無限の発展を可能ならしめる、とする。そして「さとりを開いたのちに、釈尊はひとつの確信に到達した。それは〈法〉(dhmma)の最高の権威であるということである。」とする（中村『ゴータマ・ブッダⅠ』四一八頁）（ここでの〝権威〟表現は気になる。のちの『維摩経』にある「四依」（四つの依拠）の一つにある〝権威でなく法（ダルマ）に依る〟というところからである）。

ともあれ、以上にあげた三例の諸説を再度まとめてみると、次のようになろうか。

①四諦も縁起も含めて「法を悟った説、平川説」

②十二因縁の「未完説、三枝説」

③「曖昧模糊説、中村説」

それに④仏教正統の「自内証の十二因縁」説である。先の「仏伝」はこの一つである。

しかし、アーガマ（阿含経）の細部に分け入り、そして統一的にそれらを見ようとするときに、少なからずその不整合に困惑する。それが異説を唱える三説の高名な碩学の拠り所なのである。それゆえ〝さとりは不安定、曖昧模糊〟とされるのも無理からぬのである。そこから「仏教史とは、人間の数だけの仏が出現していく歴史である」

（早島鏡正『ゴータマ・ブッダ』一四頁）との見解も許される。一人一人の成仏史が仏教史だというのである。また、それに連なって正反対の見解が仏教史には出現してきたというのもうなずける。つまり、最初の「釈迦仏教をいちばん後に出た密教と比べると、その見解は正反対といってよい。」（梅原猛）との見方である（増谷・梅原『知恵と慈悲〈ブッダ〉』一二頁）。つまり、ブッダの唱えた「すでに自己は自分のものではない」ところの「無我」は、否定したはずの「我・アートマン」に再び戻る、先祖返りするというのである。アーラヤ識、如来蔵、仏性は「アートマン」に類似していて、そこに戻る歴史だというのである（平川『インド仏教史　上巻』四一六頁）。

それで、十二因縁の正統説を拠り所に、後世に出現した〝如来蔵思想は、仏教（縁起説）ではない〟との批判をして、ヒンドゥー教に吸収される過程、つまりヒンドゥー教の前身であるバラモン教の「梵我一如」に戻る過程とする批判も出る（松本史朗『チベット仏教哲学』四八頁、四〇七頁）。

また、大乗仏教は仏教（原始仏教）ではないという「大乗非仏説論」が、江戸期の富永仲基《とみながなかもと》（『出定後語《しゅつじょうごご》』など）や、明治期の村上専精《せんじょう》らの異説も唱えられている。

3　人それぞれの悟りか

◆シンパサー林で

ここで注意したいのは、ブッダが三五歳で成道正覚し、以後入滅八〇歳までの四五年間に説いたのは、総てではないということである。それがアーガマ（阿含経）（相応部56、31申恕《しんじょ》。雑阿含経《ぞうあごんきょう》15、45、申恕林《しんじょりん》）に記録されている。ブッダが弟子である比丘《びく》（乞食《こつじき》する修行者）たちと申恕林（シンパサー林）を歩き、問答する。ブッダは問う。

「比丘たちよ、どう思うか。わたしの掌のうえの葉と、この林の木の葉と、どっちが多いだろう。」

当然、弟子・比丘たちは、林の葉が多いと答える。

「比丘たちよ、それと同じように、わたしが証《さと》り知って、しかも汝らに説かないことはおおく、説いたことはすくない。」

◆知的節度

続けて、ブッダは「説いたことはすくない」理由を説明して、苦の人間が生きるのに役立つのは、苦の根源を直視し、その縁りて起こる次第を理解・体得して、苦から脱出する方途を探ることである、と説く。それで、思うに、それ以外の、後に触れる六師外道の六師などのように宇宙論や世界の有無、有限か無限かなどで、知的放恣に走らないよう戒めたのであろう。人が限りなく知ることを欲するのはよくあることだが、興味に駆られ、その制御なき増進は知的脱線につながる知的放恣であって、それで知的節度を示したと思われる。〝人間は知ることを欲する動物である〟（アリストテレス）との人間定義はあるが、知識欲は満たされるのが、必ずしもよいのではない。知識をどのように得て、どのように使い、それでどう生きるべきかを知る、それを示す知恵が求められるのである。この観点からブッダは、悟りの「正覚と涅槃に資するもの」を説き、ここでその内容は「縁起」であり、また「無常」であり、「無我」であって、「諸行無常　諸法無我」と三法印《さんぼういん》の中で示しているものなのである。それをしっかりと定着させるため、弟子の比丘に何度も問い、かつ答えさせ（いわば「教理問答」カテキズムとしてのように）固め暗記させ、口から口へと伝承させた。それが後のことであるが、結集《けつじゅう》で文字化していった。

「説いたことはすくない」とシンパサー林での弟子たちへのブッダの言葉は、ハロー効果（光背効果）をもたらすとしても、フェイント（見せかけ）と、とることは出来ない。

現代の交渉術で、フェイントないしブラフ（bluff　はったり）という、自らを大きく見せる虚勢は有効な場合もたしかにあり、交渉相手の総体が判り、実勢で時間をかけ交渉するより、短時間のおどしで決着をつけたいときに使われることもある。効率重視からである。圧倒的な優位で、タフ・ネゴシエーターは、ブラフを使うのであって、それは丁度、壮大な建造物の前に立たせて息を飲ませるのに似る。また、動物本能の誇示行動（ディスプレー）に似る。

◆自由思想家の一人

ブッダも最初は、従来のバラモン教の伝統から解放された自由思想家群の一人として考えられた。ジャイナ教のマハーヴィラの説くところは、ブッダの説くところと似ていて、従って「双生児」と称する学者もいるほどである。その他にも、サンジャヤのような不常不断で懐疑論からの所謂「鰻《うなぎ》論法」を駆使するところの師匠・先生もいた。この師匠たちは「サンガ（僧伽《そうぎゃ》）をもち、ガナ（衆）をもち、ガナの師たり」といわれるように有力な学派（school）を率いた主唱者なのである。いわばスクールをもち、生徒をもち、生徒のテーチャーでリーダーでもある。出家した沙門《しゃもん》（比丘と同義）は、遊行《ゆぎょう》者（四住期《しじゅうき》の学生《がくしょう》期、家住《かじゅう》期、林住《りんじゅう》期、そして遊行期）となって、バラモン教のベーダの権威、祭祀《さいし》、カーストを否定し、自由に考え、自由に求道する。その遊行者の中から形成されるのが学派なので、そこでの主唱者たちは学派を率いるためいわば競争状態にあったといってよい。従って、競争に伴う交渉術もフェイントないしブラフなどとして、なかったとはいえない。

◆六師外道

そこで、これら学派を率いた自由思想家の数は「六十二見」といわれるほど多いのだが、代表的な六師（のち仏教から邪説で外道といわれ「六師外道」といわれる）について触れておく。アーガマ（阿含経）にある『沙門果経』に

「六師」の所説は述べられる。次のようである。

(1)　マッカリ・ゴーサラ：宿命論者で、人の努力は、その甲斐がない、無駄であるという決定論である。総ては自然にあるようにあり、成るようになる宿命で運命であるとする。世界は十二要素から成り、地水火風の四大《しだい》と苦楽霊それに空（間）、生死、得失によるとする。自然界の予め決った決定の中に、人はいるので、苦楽、浄・不浄などは人の意志に左右されず、無因にして無縁にある。そこでは輪廻転生が果てなく続き、その末に完了してしまって、はじめて「輪廻浄化《じょうけ》」に至る、という。人の与かり知らぬ途方もない先のことである。

(2)　プラーナ・カッサバ：無道徳論者で、人は勝手放題に好き勝手に行為しても、その罰などの報いはない、という。行為の原因から結果に結びつかないという「因果否定」である。総てには、因果がないので、殺人もまた反対の善行もそれぞれに因果応報はない。行ない（業）の意義と功徳を否定するので「非業《ひごう》」といわれる。

(3)　アジタ・ケーサカンバリン：唯物論者で、人の死後は何もなく、ただ今を悔いなく生きよ、という。総ては、物質元素である地水火風の四大《しだい》から構成され、それら四大から生まれ、それら四大に還る。その物質世界で、人の死後は霊魂が絶滅してしまうだけの「断滅論」にして「断見《だんけん》」である。死後は霊魂も含め、無くなるだけ、という。生存しているときの感覚によって得られたものを真とした快楽主義者（エピキュリアン）なのである。その当時、エピキュリアンは広範な支持を受けた現世主義者であることから順世派《じゅんせいは》（ローカーヤタ）と呼ばれた。だが仏教からは順世外道として拒否された。

(4)　パクダ・カッチャーヤナ：「死すとも死さず」の「常見《じょうけん》」で、常住不変の安心立命を唱える。地水火風の四大と楽苦霊の七要素で世界は構成される。そこでの霊（魂）は不滅ゆえに死はない。「もし人、利剣《りけん》をもって他人の頭を断つとも、……生命を奪うことはできない。ただ、七要素の間隙《かんげき》を、利刃《りじん》が貫通したというのみである」

という。

(5)　サンジャヤ・ヴェーラッティブッダ：懐疑論者で、「ある・なし」を共否定する「不常・不断」から、判断停止（中止）の二律背反にして「無記」にある、と唱えられる。不可知論である。そのつかまえどころないことから「鰻《うなぎ》論法」とも呼ばれる。〝もし、来世があるか、と問うなら、あると思うなら、あると答える〟とし、「だが、わたしは、そう考えているわけではなく、また、そうではないと考えているわけでもない」という。のち、仏教での「四句分別」（テトラレンマ：A. －A. A・－A. －A・－－A。単単倶非の四句分別）を否定する論法に連なるものであろう。なお、仏十大弟子である舎利弗《しゃりほつ》と目犍連《もっけんれん》は、この教えの下にあったが、のち離れ同門の二五〇人と共にブッダの教えに入ったといわれる。

(6)　ニガンダ・ナータブッタ（マハーヴィラ）：ジャイナ教の教祖マハーヴィラの教え。伝承によると、苦行一二年にして開悟し、ジナ（Jina　勝者）になったとされる。ジャイナ教は仏教に近く「双生児」ともいわれる。業説と輪廻転生を認め、その動力源である身口意の三業から、微細な物質が霊魂に付着して業身《ごっしん》を形成するので輪廻するというのである。それで不殺生などを厳しく守る五戒をたて、その付着した繋縛《けばく》から脱出するため苦行が行なわれ、涅槃を説くことなど仏教に近い。異るのは霊魂（生命）は植物にも、さらには四大（地水火風）にも宿るという点と、それに断食死を認める厳格な苦行である。

◆コーンダンニャ

ブッダ自身も最初の説法は容易ではなかった。二九歳で出家し苦行に入って、その苦行を捨てていたので、かつての同行者たちから易きについたと思われていた。「シュラッダー（信仰）はタパス（苦行）なり」を棄てていた。「贅沢《ぜいたく》にして、苦行を放棄し」たと、かつての仲間（比丘）から非難され、信頼が失せていた。それで説き始めて最初に納得し従ってきてくれた弟子ができたときには、その一番弟子を「ああ、じつにコーンダンニャは悟った。コーンダンニャは悟った」と声をあげて喜んだ、という。悟った（アンニャーシ）ところのコーンダンニャというところから「アンニャー・コーンダンニャ」と呼ばれている。

「説いたことはすくない」とブッダが弟子に語ったことは、フェイントないしブラフ（はったり）として、全くあり得ないことはないといえるが、それにもかかわらず、やはりあり得ないと思う。理由は、フェイントないしブラフは一時の交渉ないし説得として成功しても、時間が経過して、毀誉褒貶を重ねれば真相は明らかになるからである。時間ないし歴史には、人の言行を洗う働きがあるからである。第二に、ブッダの発したことば行ないには大筋で一貫したものがあり、弟子たちが引き付けられていったことがそれを証明する。ただ例外として、ブッダのことばを受け入れないで、「ノー」とも「イエス」ともいわず、結局「頭を振って」傍道《はたみち》に去っていったウパカのような修行者がいたことも記録され残っている（早島『ゴータマ・ブッダ』一二〇頁）。そして、第三に、二五〇〇年程経た現代人の我々に遺された言葉の数々は、信頼し得る人の、地上にあることのありようを示した感動させずにおかない人柄を見せてくれるからである。当時の弟子たちだけのことではないのである。

第二節　ブッダの哲理（縁起と空）

1　要は「縁起の理法」

ブッダの悟りとは何か、と問うてその内容の三ないし四説をとりあげてきた。だが結局は二説に集約されようか。すなわち、ブッダの目覚めの「縁起の法」の正統とされる伝統説と、もう一方は「法（ダンマ、ダルマ）を悟ったとする説」である。

ここで、結論としてあげ得るのは、「法」と採るのは〝広きにすぎる〟、また「縁起の法」と採るのは〝狭き一筋にすぎる〟と思う。だが、やはり言葉の意義の広狭で、その適切性から、後者「縁起の法」と採るのが、より真相に近いと思われる。

理由として、まず、「法」はまことに広い概念で、言葉だけからはニュートンの万有引力の法則のような自然科学の「自然の法則」（law of nature）の「法」、また社会生活で秩序維持のための基本法である憲法（constitution）をはじめ、それに法律、政令、省令、さらに条例、規則など法規一般のような「国内法」（municipal law）の「法」、それを拡げて「世界法」（international law）の「法」などがある。また、身近の野球やテニスのルールのような規則、それに慣習（custom）、習慣（habit）、そして掟も「法」（rule）である。

そこで、一般に「仏法」（仏道、仏説というも同じ）の「法」（dharma.（パーリ語）dhamma）はどう考えられているかというと、種々あるが、その一例を引くと、〈保つもの〉を原義として、「よく自己の性質をもち、自ら模範となって、人をして物の理解を生ぜしむること」（能《のう》持《じ》自《じ》性《しょう》、軌《き》生《しょう》物《もつ》解《げ》）との定義がある。①自性の性質、②道理の理法・真理の理を意味する、と受けとられている。従って、①事象そのもの、②ブッダの教え、③縁起の条理を一語とするので、いちいち意味することをその文脈で確認しなければ、明らかにならない。

ブッダの時代、「法」はバラモン教の「梵」（ブラフマン）という究極存在の「法」があり、輪廻（サンサーラ）する「我」（アートマン）の教えがあり、四姓（カースト）の身分制度の決まりがあって、バラモンは祭儀を司る習わしがあり、その作法（ルール）があった。村には、掟もあり、家族に家訓があった。

それら総てを含むのが「法」であってみれば、余りにも広すぎる概念である。言葉の「法」の方向からは、大方のものを包括できるので好都合であるが、指されたものの方向からは、指示先が不明瞭で曖昧模糊となる。丁度、真理とか正義という広範な概念が、意図が明確だが、指示されたものの曖昧さをもつのに似ている。

そこで、ブッダが悟ったのは「法」というより、より絞った意義の「縁起の理法」（「縁起の法」とも）が、より明確となり、真相に近いと思われるのである。また、「縁起の理法」には、すでに「理法」として「縁起」を包括し、かつ限定してもいるからである。そして「縁起を見る者は法を見る、法を見る者は縁起を見る」と同一視されている両者をブッダが説いてもいたからである。

ブッダの悟りとは何か、この問いの答えは、要は「縁起の理法」となった。ここでの「縁起」は、総ての現象する事物は因縁生起で変化しているので、変化しない不変の実体はない。ここでの実体とは、それ自身で存在し、変化する性質の根底で持続的な担い手と考えられる恒常的なもののことである。その実体がない、というのである。「縁起」は「空」（sūnya）において成立していることを意味する。即ち「空」に於て「縁起」は成り立ち、「縁起」

という変化説明には「空」を要するのである。そこで、「空」をアーガマ（阿含経）では、どう説かれているか、を次に見てみたい。

2 要は「空」

「空」思想は、アーガマ（阿含経）では、『小空経』『大空経』（パーリ文典中部第121、122経。漢訳で中阿含経の『小空経』『大空経』）において示される。『小空経』は、アーガマの中で「空」思想を説く最も代表的なもので、それに対し『大空経』は「空」の実践を説くものである。

「空」思想といえば、のちの大乗経典『般若経』（種々あり、大部では『八千頌般若経』があり、小部では『金剛般若経』『般若心経』等がある）を想い出す人も多いと思われる。その『般若経』の「空」思想を論じた、龍樹（ナーガールジュナ、二〜三世紀）は、主著『中論』で、有無の両端を排し、無二智を明らかにして中観派を興した。大乗仏教の理論的開拓者となり、八宗の祖と日中で呼ばれている。龍樹は、ブッダの教説アーガマを、小乗仏教では、法の研究（アビダルマ）として、分析をこととして（空の析空《しゃっくう》観を）展開したことを批判する。教説の実体化・固定化を批判する。龍樹は、事象は無自性（空）にして、縁起するのであって、それで変化することが説明され得るとした。その事象は仮名《けみょう》。仮設《けせつ》されるところの夢・幻のような「夢幻泡影《むげんほうよう》」（『金剛般若経』末尾）とされ、仮のものにすぎない、とした。

ここで、「空」定義の私案を試みてもみた。すなわち「総てのものは、構成要素の集合 total でなく、かつ、また統一体の名づけ whole でもないところの、離一多性で空性で、無自性である。しかも、それあるは残余の心、アーラヤ識が造るところの仮名《けみょう》・仮設《けせつ》としてである。」のちに再考したい。

◆『小空経』

それでは、次に『小空経』の要旨を辿っておきたい。ゴータマ・ブッダが、コーサラ国の首都サーバッティー（舎衛城）の東園、鹿母《ろくも》講堂で、弟子アーナンダ（阿難）にかつて説いたこと、それを今一度確認することから始まる。すなわち「アーナンダよ、わたくしは今、空住に多く住している」とかつて説いたこのことばを再びとりあげる。

ブッダは「空住に多く住している」のは、このことばをアーナンダが受けとったときの「以前」も、そしてこの講堂の「今」も変らないから、「多く住している」と持続していることを説く。

「空住」とは、文字どおり、「空」に住することで、それは「空」にあることにほかならぬこと、である。「我」を家屋に見立てるとすれば、「家」は〝空っぽ〟の洞穴や、〝うろ〟のような〝がらんどう〟であるということ、hollow, hole, empty, vanity ということであろう。そのように、ブッダは弟子アーナンダにかつて語り、今もまた確認した持続なのだが、その「空住」の例を次にあげる。

「たとえば、この鹿母《ろくも》講堂は、象、牛、馬、騾馬《らば》に関して空であり、金・銀に関して空であり、男・女の集会に関して空である。しかしながら、空でないことがある。それは、ただ一つ、修行者の集まりによるものである。」（『小空経』。早島『ゴータマ・ブッダ』三二三頁。以下、同じ訳書。）

目前になく、観察できないものに「関して空である」、牛などは、この講堂にいないので、牛に「関して空である」のである。だが、この講堂の今の集まりは、「空でない。」

さらに展開する。

「アーナンダよ、それと同様に、修行者は村の想いを作意《さい》せず、住民の想いを作意せず、ただ一つ、森林の想いによって作意する。森林の想いにおいて、かれの心は勇み、喜び、安定し、解脱する。そのとき、かれはこのようにさとる。『たとい村の想いによって、どれほど心の煩わされるものがあろうとも、それらはここに存在しない。たとい住民の想いによって、どれほどの心の煩わされるものがあろうとも、それらは、ここに存在しない。しかもなお、心の煩わされることが存在する。すなわち、ただ一つ、森林の想いによるものである』と。」

さきに、この講堂では牛などは観察できないので、牛などに「関して空である」と例示し、さらに展開して、村、住民の想いを作意（自ら注意を向ける働き）しないなら、想いの作意から解脱（離脱、解放、脱出）する。だが、森林の想い、この講堂がその内にある森林の想いを作意する。ここで、さとるとは、村や住民の想いによってどれほど煩わされようとも、それらは存在しないので空であるとさとるのである。ただ、森林の想いは、この講堂が、その内にあるので、注意を向ける・作意する、つまり存在する。

「かくて、およそ、そこにないものは、そのことによって、それは空であると等随観《とうずいかん》する。しかも、まだそこに残っているものがあるならば、その存在しているものを、これは存在すると等随観する。

アーナンダよ、このようにして、かれにとって、如実であること、顚倒《てんどう》しないこと、純粋清浄であることが、空への趣入《しゅにゅう》となる。」

（注、「等随観《とうずいかん》」とは、智恵によって正しく、くりかえして観察すること）

（注、「如実《にょじつ》」とは、あるがまま。ありのままのこと）

（注、「顚倒」しないこと、とは、ひっくり返らないこと。誤謬でないこと）

（注、「趣入《しゅにゅう》」とは、おもむき入ること。道に入ること）

このように、注意深く、丁寧に読んでいけば、親切に、素朴ながら心髄が伝わってくる。それで、重なる繰り返しは避け、要点をあげると、次の順の展開となる。すなわち、

鹿母講堂《ろくも》で、牛などは空だが、修行者の集まりはある。そう、さとる。それで①村想、②住民想、③森林想、④大地想、の四段階で「色界」の瞑想（禅定、四禅）を修める。「四色定」である。次いで、⑤空無辺処想（虚空）、⑥識無辺処想（識）、⑦無所有処想（無所有）、⑧非想非々想処想（想があるのでなく、ないのでもない処）（即ち、有る、無い、有るでなく、無いでないの処）、以上⑤～⑧の四段階の無色界の瞑想を修める。これは想《おもい》による、処想での「四無色定」とされる。さらに進めて、⑨無相心定（無相心統一）（想受滅、滅尽定とも）を修める。以上九段階の瞑想ステップが説かれる。これら九修習をおえて、「まだそこに残っているものがあるならば」、それあると等随観する。かくて、〈解脱〉するが、それは身体がなお有る「有余《うよ》涅槃」である。身体がなお有る「有余」は、⑩身体そのもの、が残る、ことである。生きて涅槃にあることである。

そこで⑨無相心定（無相心統一）に戻り、なお考えてみる。

「『この無相なる心統一もまた体験されたものであり、思念されたものである。およそ、体験され思念されたものはすべて無常であり、消滅する性質のものである』とさとる。

かれがこのように知り、このように見るならば、かれの心は愛欲の汚れから解脱し、生存の汚れから解脱し、無知の汚れから解脱する。

解脱したとき、『解脱した』という智が生ずる。すなわち『生まれは尽きた。清らかな行いは完成した。なすべきことはなしおえた。もはや再び輪廻の生存を受けることがない』」と。

ここに、かの鹿母《ろくも》講堂で弟子の修行者・比丘たちとの集まりで、いわれた、ここに牛などは観察されないので空である、と説かれた内容との同一事態の展開がある。目前になく観察できないものに「関して空である」とした同一事態の展開である。この展開とは「想われるものは空である」であって、その「想」は①〜⑧まで続く。それは、体験に留まらず、また思念されなければまた空であるということとして説かれていることである。体験されたもの、思念されたもの、共に無相なる心統一において無常で消滅する性質である、とさとる。

ここでの「無相なる心統一」(⑨無相心定)もまた、「体験され」、「思念され」たものである(のちに、禅で求められた無相にして無心の境地に通じている、と思われる)。

「しかもなお、空でないことがある。すなわち、この生命を間接原因として六つの感官をそなえるところの身体そのものについてである」と。

「身体そのもの」はなお残る。さとったのは、この「生命」を縁(間接原因)とし、前世で因(直接原因)とした「身体」である。しかも、まだそこに残っているものがあるならば、その存在しているものを、これは存在すると等随観する。まだそこに残っている「身体そのもの」は存在する、ある。「有余」の「有余涅槃」と呼ばれる姿として、なお残る。解脱しながら、残余の「身体そのもの」は続く。

「アーナンダよ、このようにして、かれにとって、如実であること、顚倒しないこと、純粋清浄であることが、空への趣入となる。」

過去世、未来世、現在世の三世において、この最高・無上の清浄なる空を体得するに至る、と説く。

◆『大空経』

『大空経』も『小空経』と同じく、ブッダが弟子アーナンダに説いたものである。ブッダもまた弟子たちと同様に托鉢をし修行をする。そのなかで、さきの「空住に多く住している」思想に倣う空住の実践修習を続けるのである。中心は四つの空観である、内空《ないくう》、外空《げくう》、内外空《ないげくう》、不動空《ふどうくう》であるところの「四空観」である。説いた場所は、ブッダの母国カピラバストゥのニグローダ園でのことである。

その内容は、多くの修行者が集まっているところでの、空住による解脱のための心得るべき注意（①〜⑩）の十ヶ条である。実践の心得十ヶ条である。

まず、①遠離《おんり》して、一人で修行すること。

群れを離れて独り住する者は、「時愛心解脱《じあいしんげだつ》」（順縁から心解脱）、あるいは「不時解脱《ふじ》」（逆縁から心解脱）である「不動心解脱」（不動の心解脱）が期待できる。総ては、縁により変化するのであって、不変不動の実体である「色」即ち「いろ・かたちあるもの」ではない。それで、そこから時愛心の順縁、あるいは不時の逆縁しての解脱である「不動解脱」である。ブッダが先に説いた「初転法輪」での「四諦」にある、「苦諦」から「集諦」へは、ここでは「順縁」と表現され、「滅諦」から「道諦」（八正道）へは、ここでは「逆縁」と表現されている。「四諦」の背景にあったと見られる「十二因縁」からは、その「順観」つまり「老死」あるのは、「生」に因り、「生」あるのは「有」（親の生存）に因り、「有」あるのは「取」（執着）に因る、……と順に苦の原因を観察し、ついに「無明」（根本的無知）にその根元を探り当てて、それならば、その「無明」の原因を滅すれば、「行」が滅し、「識」が滅し……と逆に苦の原因を滅してゆく。つまり「逆観」の順逆の二観は、ここで「順縁」と「逆縁」との順逆二縁と表現されていると見るべきであろう。「因縁」「縁起（因縁生起）」は同一のことで、意味することは「縁りて起る」ことだからである。「縁りて起る」ところの「因縁」では、悲しみや苦しみ等だけでなく、喜びや楽しみ等へも変化するのである。転変するのである。ただ喜楽にかまければ欲に執着した放逸の生活となり、逆に悲苦にかまければ苦行に執着した苦行の生活となり、共に否定さるべきで、それら共否定からの「中道」を歩むべき、とする。この共否定である「中道」の「中」は、中間、真ん中、平均ではなく、弓で的を射る「的中」の「中《あたる》」で、道理に「かなう・合致する」を意味していて、意味、内容を異にする。中間等は平面的次元なのに対し、「的中」の「中」は異次元で表現レベルを異にする立体的次元なのである。

もどって、「時愛心《じあいしん》解脱」の「時愛心」とは、時を愛《いと》しむ、惜《お》しむ心であって、時に添った心からは、順次、苦の縁りて起る原因が明らかにされる。それは「集諦」であり、「無明」である。それに対して「滅諦」であり、「無明」滅するによる「逆観」「逆縁」である、ところのもの、それが「不時《ふじ》解脱」の「不時」で、既に時は失せ滅していて、ない。時を愛《いと》しむ、惜《お》しむ心の「時愛心」は、ない。諸々の変り、過ぎ去り往く、悲しみ嘆く、苦しみの心、時に執着した時よ止まれと願う心は、ここでは既に滅していて、ない。「不時」ということは、それを映すところの「時愛心」の「心」もまた、ない。だが、「時愛心」を滅した「不時」は、そのことで「不動心解脱」の「不動心」を生じさせる。確然たる真なる理法である「十二因縁」にして「四諦・八正道」の、ブッダ菩提樹下での正覚であろう。「縁起の理法」であろう。

少しまた戻る。

「アーナンダよ、わたしは人がそれを喜び歓喜するいろ・かたちあるものにして、転変せず、変易せず、愁・悲・苦・憂・悩を生じないような、ただ一つのいろ・かたちあるものの存在を観察しない」

あると観察しない、つまりない「いろ・かたちあるもの」とは、「色」がないことで、「色」は転変し、変易する変化にあるのである・常なるものはない無常にある。変化にある、無常にあるとは、転変しない、常なる「色」は観察しないので、つまりない（のちの「色即是空」）。ともすると、願うところの不変不動の永遠なる実体は、存在しないので、つまりは無常である。無常だから、それらに捉われない観方を、世界観や人生観としてもたねばならない。解脱を修行により達成しなければならない。「犀の角のようにただ独《ひと》り歩め」（『スッタニパータ』第1－3）でもあろう。

次に、②として「四空観」の第一の「内空」修行者は「内に心を安定させ、静止させ、専一にし、統一すべきである。」その次第は次の四段で示される。

〈1〉、もろもろの愛欲と不善から離れ、省察（尋、覚）と考察（伺、観）がなされて、喜と安楽の〈初禅〉を体得する。

〈2〉、省察と考察の止息で喜悦あり、心統一（三昧《さんまい》、定《じょう》）に至って喜と安楽の〈第二禅〉を体得する。

〈3〉、喜を離れ、身に安楽を感受して、「平静心を得、正念ある者は、安楽に住する者である」と説く〈第三禅〉を体得する。

〈4〉、安楽を捨て、苦を捨て、以前に喜悦を滅しているので、平静心による思念の清浄という〈第四禅〉を体得して住する。

それで、「内空」から「外空」に向う。それを次のようにいう。

「『内に空を作意しつつあるとき、内に作意しつつある空において、わたしの心は勇まず、喜ばず、安定せず、解脱しない』と。」

それゆえに、次の次第を追う。

「かれは外に空を作意する（外空）。

かれは内と外に空を作意する（内外空）。

かれは不動を作意する（不動空）。」

そこから、次の究意《くきょう》せる三昧の相に至る。

「かくして、かれは不動を作意する。」「アーナンダよ、かの修行者は次のようにさとる。」

「『不動を作意しつつあるとき、作意しつつある不動において、わたしの心は勇み、喜び、安定し、解脱する』と。かくして、不動において、かれは正知する者となる。」

以上の『大空経』における、空住で解脱を目指す実践、修行で、心得るべき注意十ヶ条（①〜⑩）の①遠離《おんり》修行で犀角独歩（時愛心→不時（不動心））を辿り、次に②「四空観」で、内空（初禅〜四禅）、外空、内外空、不動空を見てきた。

表現されていることの意味連関を了解することと、それが生活の中で身に納得されることとしての修得とは大いに異なる。前者は知的理解のいわば知解であるのに反し、後者は体得される身についた習慣化した生活である。というのも、これまで、知解を納得するものとなるよう努めるものの、両者に乖離が拡がってきた。つまり、悟りを説くも、悟らなければ、本当のことはわからない。例えば、「内空」の初禅は、日々の坐禅で僅かわかるものの、第二禅は怪しい、というようにである。

理知的解明（学問）と主体的修得（信仰的生活）の両者乖離が拡がることで、文章は表面的、形式的にならざるを得ない。以上の理由から以後はその形を追うものとなる。

心得るべき注意の実践十ヶ条で、①②は了えたので、③の「行《ぎょう》住《じゅう》坐《ざ》臥《が》」に入る。最初の「行《ぎょう》」とは「経行《きんひん》」のことで、坐禅を続けて足が痺《しび》れ、血行麻痺等からの疲れを癒《いや》すためのそぞろ歩きを「経行」という。

「アーナンダよ、修行者が空住に住しつつあるとき、もしもかれの心が経行《きんひん》に傾くならば、かれは経行する。

『このように経行しているわたくしに、もろもろの貪・憂・悪・不善のことがらは流入しない』と思いつつ。かくして、この空住において、かれは正知する者となる。」

もし、「経行」に傾くなら、専一に「経行」をする。只管《ひたすら》に「経行」するところに、貪、憂等は紛《まぎ》れ込まない。これを正知という、のである。

この「経行」のように、他の「住」の「住立《じゅうりつ》」（立ちつくすこと）、「坐」の「坐禅」（座りつづけること）、「臥」の「臥床《がしょう》」（寝ること）も専一に只管《ひたすら》にすること。一般日常化して、「行」の「歩く」、「住」の「止る」、「坐」の「座る」そして「臥」の「寝る」ところの生活基本の起居動作を表わしている。これを「四威儀」と称することもある。

続いて、④談論で、「語る」のは少欲論、知足論、遠離論、不交際論、精進努力論、戒論、禅定論、智恵論、解脱論、解脱知見論など。「語るまい」のは、国王論、盗賊論、大臣論、軍隊論、……衣食、香料、乗物、国土、英雄祖先、世界起源などの論である。

⑤省察で、「なすまい」とする省察は、愛欲、瞋恚《しんに(い)》（いかり）、傷害についてである。対して「なそう」とする省察は、出離、無瞋恚、無傷害についてである。かくする空住で正知する者となる。

⑥五欲の感覚器官（五根）である眼《げん》・耳《に》・鼻《び》・舌《ぜっ》・身《しん》の対象（五境）は、色・声・香・味・触の世界であって、それは「だれにでも欲せられ、好まれ、喜ばれ、愛すべく、欲望をともない、染着すべきものである。」だが、これら五欲対象に貪欲なら、いまだ捨断されていない。

すなわちかの苦諦から集諦への、つまり「順観」へのベクトルすなわち、苦の原因究明のベクトルの如くである。空住で正知する一つである。だが、しかしいま一つの空住で正知するものがある。かの滅諦から道諦（八正道）への、「逆観」へのベクトルすなわち、苦の滅却のベクトルの如くである。

それで五欲対象への貪欲が、すべて捨断されている、そうなら空住で正知する者となる。

⑦五蘊で、五つの集まり（五取蘊《ごしゅうん》）即ち、色・受・想・行・識で、修行者は、生と滅（集と滅）の両観を修して住すべきである。「色」（いろ・かたちあるもの）では、例えば美人執着の「生（集）」であり、しかし見返り美人執着の「滅（滅）」であって、折り返して、集諦から滅諦へ、「順観」から「逆観」へである。執われを知るも、しかし捨離する修習《しゅじゅう》がここにある。同じように、「受」（感受作用）、「想」（表象作用）、「行」（意志作用）、「識」（識別作用）の夫々に修習がある（なお、「色」とそれ以外の四を「名」として、「名色」ともされる）。

⑧声聞《しょうもん》とは、経や偈頌《げじゅ》（頌《じゅ》のことで、詩句）を解説するから仏弟子（声聞）というのではない。そうではなく、仏弟子・声聞というのは、次の談論をすることでいうのであって、それであって追随者に値する。「すなわち、少欲論、知足論、遠離論、……戒論、禅定論、智恵論、解脱論……など」である。

⑨煩労《はんろう》（わずらいと疲労）とは、師、弟子、修行者三者それぞれにある。(1)師、としての煩労とは、師が遠離せる臥坐所《がざしょ》として、森、樹下、山などに親しんでいるところに、訪問するバラモン、資産者、市民などがいて、その訪問者のために「夢中になり、欲望を起こし、貪心を生じ、ぜいたくに陥る」ことである。結果は「煩労の汚れを生じ、輪廻《りんね》の再生を引き……未来に生・老・死を招く」師としての煩労である。(2)弟子としての煩労とは、かの師の弟子であるから、同じように、弟子もまた、同じ煩労を受ける。では、(3)修行者としての煩労とは、如来とその弟子との二つがある。如来とは、ブッダのことで、「如来の十号」という十からなる尊称をもつ。即ち、応供《おうぐ》、等《とう》正覚《しょうがく》、……仏、世尊の十号で、ブッダである釈尊の尊称である。如来も遠離せる坐臥所の森、樹下、山などに親しんでいるが、資産者、市民等の訪問者に「夢中にならず、欲望を起こさず、貪心を生ぜず、ぜいたくに陥らな

い。しかしながら、この「如来の仏弟子」は、同じようにあって「ぜいたくに陥る。」そして、この「如来の仏弟子」は、先の⑴師としての煩労よりも、⑵弟子としての煩労よりも、多くの煩労があり、苦が多いのである。「アーナンダよ、ここに、およそ師としての煩労なるものも、また弟子としての煩労なるものも、その両者よりもこの清らかな修行者としての煩労のほうが、苦の果報がより多く、苦渋の果報がより多く、悪処におとし入れるのである。」煩労は如来のブッダを除き師、弟子、修行者三者にある。特に修行者・仏弟子に多い。

⑩友と敵とは、師の教えに違背《いはい》しない、その振舞いが友であり、反対に師の教えに違背する、その振舞いが敵である。「それゆえに、アーナンダよ。わたくしにたいして友の振舞いをなし、敵の振舞いをなしてはならない。」よき弟子であれ、という。それは陶師《すえし》の土器製作で、素土のままにはしないようなものである。「アーナンダよ、わたくしは責むべきは責め、洗い去るべきは洗い去って、語るものである。かくて、そこに本質なるものは堅持される」と。

以上において、ブッダの哲理を「縁起の理法」と「空」において捉えてきた。「空」は『小空経』と『大空経』で見た。では、その「空」の内実はどう捉えられるのか。〈法空〉と〈人空〉の二つからである。一つは、縁起する「空」ゆえ〈法空〉とされる「三如性」である。二つは、人のアートマン否定を「五蘊」否定から説く〈人空〉の「無我」で「三無我」である。これらの二側面からである。それらを次に考えてみたい。

3 〈法空〉の三如性

◆縁起の原型

アーガマの一つに、『因縁法』という経典がある（『雑阿含経《ぞうあごん》』12、14）。ブッダが、サーヴァッティー（舎衛城）の郊外にある精舎で、弟子（比丘）たちに語ったものが伝承され、のち記録されたものである。

「比丘たちよ、縁起とはどのようなことであろうか。比丘たちよ、たとえば、《生があるから老死がある》という。このことは、如来《にょらい》Ⓐがこの世に出ようと出まいと定まっていることである。法として定まり、法として確立している(1)。すなわち、相依性Ⓑである。如来はそれを証《さと》りⒸ知った(2)。（中略）比丘たちよ、ここにおける如性《にょせい》、不離《ふり》如性、不異《ふい》如性、そして相依性なるもの(3)、比丘たちよ、これを縁起というのである。」

注釈すると、Ⓐ「如来」とは、目覚めた者、覚者の「仏」でブッダもその一人。ブッダも含め「過去七仏」という。Ⓑ「相依性《そうえしょう》」とは、相依り、相関わる「ここに依っていること」の「此縁生《しえんしょう》」で、「因縁生起」プラティテヤ・サムパダのことで、略して「縁起」。Ⓒ「証《さと》り」とは、さとり、悟り、目覚め、自覚のこと。正覚。

ここで、ポイントを三つ挙げてみる。

(1)「法として定まり、法として確立している」〈縁起の悠久性〉

(2)「如来はそれを証《さと》り知った」〈正覚《しょうがく》〉

(3)「如性、不離如性、不異如性、そして相依性なるもの」〈縁起〉

◆三如性と『中論』

そこで、注目したいのは、(3)の「三如性」と「相依性」である。それを次に細分してみる。

〈1〉「如性」（tathatā）：如実であること。のちの「顕露なり」（圓悟、「碧巌録・27」）あるがママだということ。真如、如とも。タタター。諸法実相。例として「柳は緑、花は紅」など。

〈2〉「不離如性」（avi tathatā）：如性を離れていない（avi）こと。虚妄でないこと。

〈3〉「不異如性」（ana tathatā）：如性と異ならない（ana）こと。即したもの。

〈4〉「相依性」（ida paccayata）：「ここに依っていること」ida（ここに）、paccayata（依っていること）。イダ、パッチャヤター。此縁生。

何故に、注目したのか。それは「三如性」と「相依性」が、龍樹『中論』の火と薪《たきぎ》の「相依性」（観燃可燃品、第10－14）で、引き継がれていると考えるからである。まず、その『中論』部分を見てみよう。

「火は薪を所有するものに非ず①。火の中に薪があるのでもない②。薪の中に火があるのでもない③。」（平川彰訳）

これを月称釈で《　》に入れて整理してみる。

①第一段は、火は薪を所有していない、のだから、〝火は薪でない〟《不所有》である。

②第二段は、火の中に薪が（あるのでも）ない、のだから、〝火は薪を内在させず、根拠とせず〟《不拠》である。

③第三段は、薪の中に火が（あるのでも）ない、のだから、〝火は薪を外在させず、依存せず〟《不依》である。

（《　》内は、月称『中論論疏』の五求門破の要約）

そこで、先の「三如性」との関連を、否定の《不……》をはずして対応関係を見る。

〈①↓〈1〉〉:《不所有》の《所有》は、〈1〉「如性」であるそのママで如実でないか。
〈②↓〈3〉〉:《不拠》の《拠》は、「根拠」で、〈3〉「不異如性」である異ならない、即したものでないか。
〈③↓〈2〉〉:《不依》の《依》は、「依存」で、〈2〉「不離如性」である、外で離れていない、虚妄でないことでないか。

以上のことを、図にして表示してみる。

アーガマ	大乗仏典（アーガマの否定面）		私解
『因縁法』の「三如性」	『中論』第10－14	上の月称『中論論疏』	
〈1〉如性	①「火は薪を所有するものに非ず」	不所有（所有せず）	火は薪でない。同じでない。（不一）。～して。
〈2〉不離如性	③「薪の中に火があるのでもない」（火が薪の中にあるのでもない）	不依（依存せず）	火の外に薪あるでない。外にない。（外在せず）。～超え。
〈3〉不異如性	②「火の中に薪があるのでもない」	不拠（根拠ならず）	火の内に薪ない。内にない。（内在せず）。～足らしめる。

次に、『因縁法』の「三如性」と少し後のプラトンによるイデア論との関連を明らかにするため、イデアとは何かをまずは明らかにしてみたい。

を得ない。

◆イデア論

プラトンのイデアとは何か、を解明したく思う。イデアの理解と解釈はしかし、プラトンの哲学（プラトニズム）と同様に、学者の中で、必ずしも一致しているわけではない。そこで、概ねの一致点を探り出すことに留まらざるを得ない。

プラトンの問答による対話篇の全著作は、通例、初期、中期、後期に三分されるが、一般的には、初期の『ソクラテスの弁明』『クリトン』などは、ソクラテスの愛知（フィロソフィア）の言行を再現するとし、中期の『饗宴』『パイドン』『国家』などでは、イデア論を展開する。そして後期の『パルメニデス』『ティマイオス』『法律』などでは、イデア論を完成する、とされる。無知の知（自覚）から愛知へ、そして中期でイデア論の展開、最後にその完成という三期だというのである。

今、ここでイデア論の見通しをよくするため、結論めいたものをやや強引に引き合いにするなら、次のものもその一つである。

「したがって、イデアは――もしもこれらの著作全体を図式化するとすれば――、判断を可能にする論理的範疇であると同時に、また範型であり、原因でもある。」（シャトレ『哲学史Ⅰ　ギリシア哲学』藤沢令夫監訳、一五七頁）。

イデアは、三つの言葉で、ここで示されている。「論理的範疇」と「範型」そして「原因」である。

最初の「論理的範疇」の「範疇」は、（希）カテゴリアで、（英）カテゴリーで、それは〝意味すること〟であって、「述語」のことである。商品の説明書をカタログというが、その説明に当る。〝～である〟などと述語される多様なもののことである。例えばアリストテレスはその基本部門を術語にして、実体、量、質、関係、場所、時間、位置、状態、能動、所動の一〇種としたのである。（アリストテレス『カテゴリー論』第4章）また、カントは純粋悟性概念として四分類（量、質、関係、様相）一二種のカテゴリー表を提示した（『純粋理性批判』A70、B95）。これらがカテゴリー論を展開した代表である。また、「範疇」を日本語の文法で理解しようとするなら、動詞、形容詞の述語であって、用言でもあって、事物の存在、動作、作用、性質、状態を表わす言葉である。それらの関連を論理的、ロジカルに、つまり筋道を通して条理に適うように捉えるものが「論理的範疇」である。また、「論理的範疇」とは、後に明らかになるであろう「定義」（ロゴス）のことである。あるものの、そのもの自体が「何であるか」を示す。それを「主語」（オノマ・「示し言葉」。「名目」とも）と「述語」（レーマ・「述べ言葉」）で定義する、それ「足らしめる」「本質」（トティエンナイ、エッセンテア）である。永久不変で恒常なる性質として、現象世界の生成変化に対立する。

次の「範型」は、イデアのことで、イデア（idea）は、語源がイディン（idein）の動詞「見る」に由来する、見られたところの「姿」「形」のことで、やがて一般に「それ自身」「そのもの」を意味するようになる。「形相」とも訳される。だが、「姿」「形」「形相」から、イデアは名前、ことばに強調点を移すようになる。その理由は、泥や汚物などに姿、形、形相はないが、名前、ことばはあるからである。「～そのもの」としてである。後期入口の対話篇で、「あるもののそれぞれについてイデアが恒常的に同一性を保って存在していることを」対話・問答にとり不可欠であると、パルメニデスに語らせる（『パルメニデス』135B～C）。イデアは、その世界を「イデア界」（叡智界）とも称していて、この「現象界」を超越するところのそれとは厳格に峻別し区分する二元世界である。「現象界」は、「イデア界」の影、写し、である模像、影像なので、移ろいゆく頼りない世界である、とする。

最後の「原因」とは、この移ろいゆく頼りない模像、影像の原因なのである。この「原因」がなければ、「範型」も「論理的範疇」も求められない。求めようともしない、その意味で「原因」なのである。出発点で重要なのだが、哲学的真実在・イデアを追求した涯には、逆転して否定的意味をもたらされるに至る。つまり消極的、否定的「原因」となる（デカルトで、コギトからの神存在を証明する回路の解釈を想わせる）。

以上のシャトレの『哲学史Ⅰ』に位置づけたイデア論の要約とは別に、私なりにさらに要約してみると、次のようになる。

現象する個物を《して》、それらに共通するとして名づけで《超え》、名づけをそれ《足らしめる》もの、それをイデアという。例えば、三角形のイデアは、現象の三角定規、三角洲（デルタ）、三角貿易と三角を形作るものを《して》、それら現象を超越・離在して名づけられ《超え》、共通してもつ分有の性質・属性から《足らしめる》ものであると定義される。現象する個物を《して》、名づけで個物を《超え》、内角の和が二直角というような《足らしめる》性質をもつものをいう。個々の現象を《して》、名づけで個を《超え》、その名に共有される《足らしめる》性質・属性・本質である。現象の《して》は、超越の外へ《超え》、内在の内へ《足らしめる》ところのイデアである（拙著『時と我——道元とデカルトの哲学』一二頁）。

プラトンの晩年で、亡くなる五年前に書かれたと推定されている、イデアについての貴重な文献に『第七書簡』がある。この『第七書簡』は、外見上シケリアのディオン派に宛てた内紛の解決は「法律に服する」ことが肝心であると勧めたプラトンの返書である。哲学的記述の緻密さから、貴重な文献とされていて、紀元前三五二年のものと推定されている（ちなみに、ブッダ没後三〇年以上とみられる）。

このプラトンの『第七書簡』（342A 以下）の記述に沿って、イデアを再度考えてみたい。

「およそ在《あ》るものの一つ一つについては、それの知識を手に入れる場合、必らず依拠しなければならないものが三つあって、……その第一は名前、第二は定義、第三は模像であり、」そこから第四の当の「知識」が手に入る。「そして、第五のものとしては、知られる側の、真に実在であるもの、それそのものを挙げておかねばならない。」（『プラトン全集14』長坂公一訳、一四八頁以下に概ねよる。なお同氏訳『プラトンⅡ』世界の名著7、も参照した）

刻々の変化に従うなら、知ることはできない。何故なら、捉えたのちすぐに変化してしまうのだから。そこで、知るところの「知識」を得るには、依拠しなければならない、三つがあるという。その第一が「名前」、第二が「定義」、第三が「模像」といい、かくて第四の「知識」が手に入るという。そして、第五に「真実在」「それそのもの」があるとする。

第一の「名前」は名称ともいい、オノマ「示し言葉」のことで、名詞と形容詞を一括したものにほぼ相当し、主語の働きをもつ。

第二の「定義」はロゴスともいい、オノマとレーマすなわち「示し言葉」と「述べ言葉」で構成され、〝何が何であるか〟の主語と述語（とその補足語）での言表である。例えば、「円」では、「その末端から中心までの距離が、どの方向においても等しいもの」という「円」の定義（definition）で、本質（essence）である。「足らしめる」ものである。〝円が何であるか〟の問いで、円・オノマは円・レーマで、〝中心への等距離である〟という定義で、本質で、それは述語である。今日では、「平面上で」と条件を加え、「平面上で一定点（中心）から等距離（半径）にある点の軌跡」と定義される。「平面上で」という条件を加えるのは、曲面では成り立たないからである。

なお、ロゴスの語源はレゴーで、意味する内容は「拾い集める」「話す言葉」「数える尺度」などで、「拾集・言葉・計数」を主に表わす。後には、言語、概念、論理、理由、根拠、定義、理論、理性、理法などを意味するようにもなる。特に、logic（論理）をはじめ、「始めに言葉ありき」（ヨハネ書冒頭）の logos（言葉）、それに、――logy

の――学として、anthropology（人類学）など logos の用法は多岐に及ぶ。ついでながら、今日の記号表記では、〝∴〟を被定義項とし、〝≡〟を定義項として、次のようにも表わされる。〝三角形∴≡内角二直角〟とか〝人間∴≡言語をもつ動物〟とか〝水∴≡ H_2O〟というようにである。また、ロゴスが「――ロギー」として「――学」といわれるように、テオリアが「セオリー」として「論」（説）とされる。例えば the theory of probability（確率論）というように。

第三の「模像」は、影像、似像ともいい、模して作られた像で、イミテーション・イメージにして、実物に似せられた現象である。例えば「円」では、「円」の写し、「図に描かれたり、消されたりするもの」で、移ろいゆく投影されたピクチャーである。円の線という視覚で捉えられる幅、厚みのあるものは不完全なもので、単なる写しである。感覚で捉えられた臆見・ドクサなので頼りないものとされる。従って、感覚、視覚で捉えられた線は、真実在でなく、円は見えない。円の真実在を観るのはヌースによるのである。

第四の「知識」は、エピステーメ（叡知、英知）のことで、「知性」であるヌースにより得られる「直接に把握する知」（直接知）のことである。ヌースは後の精神、理性のこと。直接知は「知の飛び火」によって、人間はこの「知」の片鱗に触れ、「真実在」「それそのもの」に「最接近」する、とされる。ただ、「言葉という脆弱な器」であることから、「何であるか」というより「どのようなものであるか」を知る、何に似ているかを知るに留まる、とする。

第五の「真実在」（オントス・オン）「それそのもの」は、範型ともいい、「変動をこうむらない」超越性・離在性で永遠不変のイデア（エイドス）で、この我々の現象界とは別世界にある。別世界とは、エレベーターで階を異にしてドアから降りる世界に似ていようか（なお、エイドスはイデアと同義でもあるが、後にアリストテレスは自らの哲学でヒュレ（質料）と相関的に用い、ウーシア（実体）の構成原理とした。それでのちには「質料形相論」ともいう）。
感覚的なものは常に変化するので、一種の「ない」をそこに含まざるを得ず、従って「真に」（オントス）、「あるもの」（オン）とはいえない。常に永遠で不滅の自己同一を保つものをヌースで観照（テオーリア　theoria　観想）されるイデアこそが、「真実在」なのである、とする。このあらゆる時と事物を通じてあらゆる「観ることを仕事とする」のが哲学者の精神でテオーリアだとする。

プラトンの弟子であるアリストテレスが、師の学説を批判していることは明らかである。例えば、イデアは「永遠化された感覚物にほかならない」（『形而上学』B2. 997. b10）などと批判している。その批判を継承して後代には普遍論争での唯名論（ノミナリズム）があり、〝イデアは感覚物の名のトートロジー Tautology 同語反復〟とも批判される。しかしながら、アリストテレスは、忠実に師プラトンのイデア論を要約もしている（『形而上学』*A*－6－987）。

それをもって、プラトンのイデア論のまとめとしておきたい。

「ソクラテスは、倫理的方面の事柄について……そこに普遍的なものを問い求め、また定義することに初めて思いをめぐらした人であるが、このことをプラトンはソクラテスから承け継いで、だがしかし、つぎのような理由から、このことは或る別種の存在についてなさるべきで、感覚的な存在については不可能であると認めた。その理由というのは、感覚的事物は絶えず転化しているので、共通普遍の定義はどのような感覚的事物についても不可能であるというにあった。そこでプラトンは、あの別種の存在をイデアと呼び、そして、各々の感覚的事物はそれぞれの名前のイデアに従いそのイデアとの関係において、そう名づけられるのであると言った。」（アリストテレス『形而上学　上』出隆訳、四六頁）

プラトンのイデア論を、四つの事例から、すなわち哲学史家シャトレのイデア論要約とそれに端的な私解と、さらにプラトンの重要な文献である『第七書簡』の読解とアリストテレスの『形而上学』におけるイデア論解説に探ってきた。またプラトンの『国家』（第七巻）にある「洞窟の比喩」で、イデアは説明され有名であるが略した（拙著『時と我』二二三頁）。それらの端的なポイントは、三点あり、イデアは①影像を《して》、②イデア・真実在に《超え》、③本質で《足らしめる》ものと捉えてよいものである。

では、このイデアの三点は、先にアーガマ『因縁法』の「三如性」と龍樹『中論』とその月称の注釈とを整理して図表にしたものとどう関わるのか。それを次に示してみたい。容易に関連は理解されるのだが、それが何故なのか不明である。

すなわち、ヤスパースのいうように、相互不通で同時代的発生なのか。それとも、今日の我々にも見通し得ない消失した、人的文化的伝播、交流のようなものがあったのか、否か、目下の私にはわからない。

ともかくも、ヤスパースは紀元前五世紀頃を「枢軸時代」（Achsenzeit）として、中国で孔子、老子等を、インドではウパニシャッド、ブッダ等を、ギリシアではパルメニデス、ヘラクレイトス、プラトン等をあげる。そして「以上の名前によって輪廓が漠然とながら示されるいっさいが、中国、インドおよび西洋において、どれもが相互に知り合うことなく、ほぼ同時代的に、この数世紀間のうちに発生したのである。」という。三地域における同時代性の平行的事実を指摘する。その理由として、人間の全体的（自覚）意識とその限界意識とをあげている（ヤスパース『歴史の起源と目標』重田英世訳、選集9（1－1－a））。ともあれ、紛れもなく、類似した思考の前に我々は立つ。それを次に図表に整理して見てみる。

プラトンのイデア論三点	仏教 アーガマ 『因縁法』の「三如性」	大乗仏典（アーガマの否定面） 『中論』第10−14	月称の『中論論疏』	私解
影像、現象、模像（同一性）《〜して》	〈1〉如性	①「火は薪を所有するものに非ず」	不所有（所有せず）	火は薪でない。同じでない（不一）。〜して。
イデア・真実在、名前・超越性・離在性（外在性）オノマ《〜超え》	〈2〉不離如性	③「薪の中に火があるのでもない」（火が薪の中にあるのでもない）	不依（依存せず）	火の外に薪あるでない。外にない。（外在せず）。〜超え。
本質、性質、属性、定義（内在性）レーマ《〜足らしめる》	〈3〉不異如性	②「火の中に薪があるのでもない」	不拠（根拠ならず）	火の内に薪ない。内にない。（内在せず）。〜足らしめる。

以上で、アーガマ『因縁法』の「三如性」とプラトンのイデア論との関連を明らかにできたであろうか。つまりイデアの「三定義」と縁起の「三如性」との関連を、である。もとより、前者がイデア・真実在に到達するのに対立して、後者は如性（の仮名・仮設）に及び、縁起の理法を明らかにする。前者が、現象から真実在のイデアに到達するのに対立して、後者は現象のみの観察、経験の世界にあり、超越したり外へ何ものかを求めたり、認めたりしない。虚妄でない。また分析による内在する性質を本質として求めたりもしない。それはまたのちのことだが、「妄想すること莫れ《なか》」（「莫妄想《まくもうぞう》」汾洲《ふんしゅう》無業《むごう》）であって、「真心《しんしん》」である「無心」（『無心論』菩提達摩）にあることであろう（拙論「達磨の無心哲学と行為理論——その今日的意義と敦煌文書の再構成」法政哲学会『法政哲学』第一四号）。

4 〈人空〉の三無我

◆「諸法無我」の「無我」とは

ブッダによる最初の説法である「四諦説法」は、鹿野苑《ろくやおん》（サルナート）で五比丘（弟子五人）になされ、「初転法輪」と称せられている。その直後と推察される説法で、ブッダは三法印の一つ「諸法無我」（サベ・ダンマ・アナッタ）（『ダンマ・パダ』279、「ウダーナバルガ」12－8等）の「無我」（非我）に触れている（『雑阿含経』2－2「五比丘」。それに「無我相経」）。ただ、「無我」を理解するためには、ブッダが「無我」の「我」である人間存在をどう捉えていたかをまず明らかにする必要がある。

ブッダは、人間存在を「五蘊《ごうん》」に分析して捉える。「五取蘊」ともいう。「蘊《うん》」とは、「要素」「集まり」を意味する（梵）skandha に由来する。それで「五蘊」は、五つの構成要素のことである。その「五蘊」とは、色《しき》、受《じゅ》、想《そう》、行《ぎょう》、識《しき》の五つの構成要素を意味する。

まず「色《しき》」（物質、ルーパー）は物、かたちあるもので、さらに、対象、外界、客観を意味して「六境」（色、声、香、味、触、法の世界、六外処）を成す。人間では身体のことを指し、「色」以外の四蘊は、心で精神（ナーマ）を指す。それで両者を合わせた「身心」（ナーマ・ルーパー）はブッダにとり人間の全存在なのである。ただ「身心」が一つか別かは断定できない難問あるいは答えを捨ておく捨置答とされた（十難無記の一つで『箭喩経《ぜんゆきょう》』で有名）。このナーマ・ルーパーである「身心」は、相互依存するところのもので、後にナーマ・ルーパーの順そのままに「名色《みょうしき》」と漢訳される。「名」は「微細なる心と心作用との事象」とされ、「色」は「粗大なるもの」との説明もなされる。「十二因縁」では、第四項目の「名色」として位置づけられ、三世《さんぜ》両重《りょうじゅう》の因果説からは、三世中の現世の個体として位置する。輪廻の主体が「名色」だというのである。「身心」の「心」は、受、想、行、識の四蘊である。なお「身心」を今日では「心身」とする例が多い。次に「心」の夫々の意味を解明したい。

「受」とは、感受作用で、「六根《ろっこん》」（眼《げん》・耳《に》・鼻《び》・舌・身（皮膚）・意の働き、六内処）による感覚、感情などのこと。苦受、楽受、不苦不楽受と三分して説かれる。

「想」とは、表象作用で、心の中に象《かたど》りを思い浮かべること。観念をイメージする概念化すること。

「行」とは、意志作用で、アクティブな衝動的欲求で潜在的形成力をいう。記憶を含む。「受」「想」「識」以外の心作用を総称する。「受」「想」を「心所」といい、「識」を「心」（王）という。それら以外なので「心不相応行」とも称される。「十二因縁」では、第二項目に当る。

「識」とは、識別作用、判断作用で、さらに、心（王）、内界、主観を意味して「六識」（眼識、耳識、鼻識、舌識、身識、意識の知る働き）を成す。

〝「六根」で「六境」を作る「六識」〟と関連を捉えられる。すると、主《ぬし》たる「六識」が「六根」を手段・道具として、「六境」の世界を作ることとなる。それは、例えば、〝「鑿《ノミ》の作具」で「木を削る作業」をする「彫刻の作者」〟というように比喩されよう。それは、また、〝「能作」で「所作」する「作者」〟ともいわれ得る。ちなみに、〝「六根」で「六境」を作る「六識」〟の六根・六境・六識は合わせて「十八界」といい、六根・六境は合わせて「十二処」（六内処と六外処）といい、整理して六根、十二処、十八界ということもある（『七処三観経《しちしょさんがんきょう》』）。

「諸法無我」の「無我」を理解するために、「我」をブッダはどう捉えたかを見た。つまり「我」という人間存在を「五蘊」という、色受想行識の五つの構成要素に分析した。「色」は物、かたちあるもので、外界で身体であるのに対し、「受想行識」は識を主とした四蘊で、内界の心、精神であった。両者を合わせて「身心」（ナーマ・ルーパ）といい、「名色」ともいった。それで、その「我」が人間存在の五蘊という構成要素によるというものだが、それが「無我」だというのは、何故か。端的に、常なく変るからである。それを次に見てみよう。

「比丘たちよ、なんじらはどう思うか。色（物、身体）は常なるものであろうか、それとも無常なるものであろうか」

「大徳（ブッダ）よ、それは無常である」

「では、比丘たちよ、無常なるものは、それは苦であろうか、それとも楽であろうか」

「大徳よ、それは苦である」

「では、比丘たちよ、無常であり、苦であるこの変易するものをもって、《こは我所《がしょ》なり。こは我《が》なり。こは我体《がたい》なり》となすことを得るであろうか」

「大徳よ、それは否である」（『雑阿含経』2－2「五比丘」）

このような「色」についての問答は、以下「受」「想」「行」「識」と五蘊一つ一つについて繰り返される。最後の部分は、別のアーガマ（阿含）で、次のようにも表わされている。

「比丘たちよ、色は無常である。無常なれば、すなわち苦である。苦なれば、すなわち無我である。無我なれば、すなわち、こは我所《がしょ》にあらず。こは我《が》にあらず。こは我体《がたい》にあらず。かくの如く正慧《じょうえ》をもって如実《にょじつ》に観ずるがよい。」（『雑阿含経』3－35「清浄」）

これら前の引用も、後の引用も共通して次のようにいえよう。「色」は無常で、常ない無常は苦であり、それは変易《へん(に)やく》（変改、変化）で変わる「我所」「我」「我体」で無いので、「無我」でありつまり〝三無我〟といえよう。かく「色」を含め「五蘊」夫々にいい得よう。

そうすると、「諸法無我」の「無我」は、その意味するところは〝三無我〟であった。「我所」「我」「我体」の三つにおける否定された〝無い〟の〝三無我〟である。

◆「無我」の〝三無我〟とは

総て諸々の事象・現象は時間的に変化・流転にあり止むことないところの「諸行無常」である。常住なる空間的に固定・実体化したもの常なるものではあり得ない。それで我もまた無いとせざるを得ず、「諸法無我」とされる。転じて、我が無い「無我」だから諸法も永久不変ではないといい得よう。

その「無我」は、先に見たように〝三無我〟であって、それは①「我所」②「我」③「我体」の三つが無いことだった。では次に夫々について考察してみたい。

①「我所」の否定：《我所にあらず》とは、mama の「我所有」の否定のことで、我に所属し、我が執着するところの固定した恒久性のある所有の否定である。「自己の所有に関する固定的観念」の否定である。いつまでも、と人は永久、恒久を願うことがあるが、しかし願いに反し、刻々に変化、変易するのが、この世の流転する無常である。言葉に引きずられて、あたかも固定的な実体と観てはならない。流転、転変する総てのものは、縁起の理法に従って、相依りて起るのである。幼児から少年、青年へ、そして老年へと、身長は変り、髪の色は黒から白へと変りゆく。少年の我は老年の我でなく、そこに同一性はない。言葉である名前は、変化を無視して仮につけられたもので、変化する内容の同一性を保障してはいない。名前の「つらなりながら時々なり」の内実である。相続無常である。時々刻々と別人になっているのが本当のところで、無常だからであって、情けなくもなれば、改善、成熟もしてゆく。堕落もあれば、円熟もまたあるところの、変化にある。

②「我」の否定：《我にあらず》とは、「自我」の否定のことで、その「我」はパーリー語のアッタン attan で、サンスクリットのアートマン ātman に相当する。アートマン・「我」は、バラモン教というブッダ在世における古代インドの宗教であり、仏教の母胎でもあるのだが、ヒンドゥー教として今日に引き継がれているインドの中心宗教において、そこでの「梵我一如」と目指されていた「我」のことである。古くリグ・ベーダ以来、究極存在者がベーダで探求され、ウパニシャッドに至って「それは汝である」と表現され、続いて「それは汝である」究極存在者が「まことに我は梵なり」となり、「梵我一如」の根本原理である「偉大なることば」に到達する。梵はブラフマンで、一切は、ここに発生し、ここに帰り行くので、我は梵から発生、放出され今にあるので、梵に帰り行くよう目指される。バラモン教は、この「梵我一如」を目指して修行がなされ、ブッダもこの宗教の下で育ち、修行も重ねたのだった。

だが、ブッダはこのバラモン教の「我・アートマン」であることに反旗を翻す。ブッダが城を出て出家した二九歳から三五歳菩提樹下の正覚までの六年間は、このための期間だった。その中には二人の師がいて、一人は「所有の想いが無い処」（無所有処）の指導者アーラーラ・カーラーマで、一人は「想いの有るでなく、無いでない処」（非想非非想処）の指導者ウッダカ・ラーマブッタで、次々と従ったが、これら修禅には満足できなかった（「空」を観ても、縁起の理法がなかったからであろう（『聖求経』）。ただ「小空経」の7と8、に取り入れられている）。かくて、ブッダは「我・アートマン」でない、として結果的にバラモン教に反逆して、「諸法無我」の「無我」（非我）の旗印を掲げるに至る。「我・アートマン」の常一主宰《じょういちしゅさい》という常住で、唯一で、独立で、全能という「個我の原理」を拒否した。ミニ・コスモスを拒否した。当然、我を生み出した「梵・ブラフマン」は認められず、我が帰り行くそれでもなかった。「シュラッダー（信仰）はタバス（苦行）なり」のバラモンの苦行主義から離れ、また、かつての王子の生活の快楽主義からも離れていた。「自我に関する固定的な観念」を否定していたのである。
『ダンマ・パダ』（法句経）（62）に、次の句がある。

「私には財ある、子あると思い悩む、しかし、既に自己は自分のものではない」と。

ここに見事な表現があると思う。前半の「財ある、子ある」は、先の①「我所」で「我所有」で「思い悩む」ところの執着ではないか、そして「既に自己は自分のものではない」とは、②「我」で「自我」の否定ではなかろうか。バラモンの我と梵の否定で、バラモン教の「梵我一如」の否定で、さらには今日のEgo、否定の思想をも含んでいよう。そう解釈される。

③最後に、「我体」の否定：《我体にあらず》とは、me attā の直訳「わが我」の否定のことで、一般に「霊魂」の否定を指す。身体が滅びてもなお残るとされる「霊魂」の否定である。「わが我」「我体」は、我の本体、本性、本質を意味して、変らざる恒常不変の固定的なもの、そのようなものは無いと否定する。「自己の本体に関する固定的観念」の否定である。

「霊魂」は、バラモン教の輪廻思想で、その代表である「五火二道説」において、二道を辿る主体である。死者は火葬され、霊魂は「天」に昇り、時満ちて「雨」となり「地」に降り、農作物として食べられ「男」に入り、さらに「女」に入り、再生を果たす「五火」の「祖道」である。一方、「天」に昇り、太陽の「北行」へ、そして、そこにいる原人《プルシャ》がブラフマン（梵）へと導く、それで再生を果たさない、再び苦や死のない「神道」がある。「神道」は「森林において、信仰《シュラッダー》は苦行《タパス》なりと信奉する者」（遊行者）の修行者の解脱する「不死」である「梵我一如」の道である。

ブッダは、この霊魂の問題を引き継いだ。引き継いだが、同様にではなく、解脱する生も死もない「不死」の執着、煩悩である火の炎を消した「涅槃」においてである。それを「涅槃寂静」と三法印の一つとして、静かなニルバーナとして示した。再びの苦、再びの死がもう無いという境地へ、である。バラモンの「神道」は、ブッダの「涅槃」に転換される。

後世、龍樹（ナーガールジュナ）は主著『中論』を著して「空」の世界を明らかにし、最後の方で「十二因縁」を第二七頌中第二六頌で論じている。「十二因縁」は、三世からも、縁起からもと四諦をも読み込めるものであるが、順観と逆観からも説明される。順観とは根本的な無知の「無明」から順次、縁りて起る、十二の展開で、最後「老死」へ至るもので、先の苦界に再生する「祖道」の影が見られよう。他方、逆観とは、逆に「否定」「無い」として、「無明」無いから順に、縁りて起る、十二の展開で、最後「老死」無い「不死」に至る。苦・老死の再来が無い、めぐり来ることのない、解脱が達せられ、涅槃・ニルバーナに至るもので、先の「神道」の影が見られよう。

以上の「三無我」である「こは我所にあらず。こは我にあらず。こは我体にあらず。」は「我」を、所有において、実在において、霊魂において、夫々に分析しそれを否定して、結局は「我」否定の「無我」とする。「諸法無我」の「無我」である。

時として「無我」は、我が無いのだから自己否定、努力否定、責任否定などとされ勝ちだが、そうではない。有の実在、実体そして「我」が強調される中で、よく観察した結果は、変りゆく転変の無常を明らかにするためには、言葉、概念から離れ「空」を見すえ、事象（法）間のつながりを縁りて起るところの縁起として捉えなければならない。つまり「無我」としなければならない。その上での「我」「自己」はある。それを空観からは仮名・仮設としての「自己」はあるとする。ここで縁起する「自己」を「無我」というのである。

◆三如性と三無我そしてイデアの三性

これまでに、縁起の原型を『因縁法』の「三如性」すなわち、「如性」「不離如性」「不異如性」と「相依性」（「此縁生」）に見てきた。続いて「三如性」と龍樹『中論』（第10－14）〝火と薪〟の「相依性」とを比較考察し、その対応が見事に見られ、さらにその月称の注釈でより鮮明に見てとれた。また「無我」が「三無我」から説かれていたこと、つまり「我」が「我所」「我」「我体」にない、ことを「無我」と表していることを見た。以上は、私にとり新しい発見ではあったが、ブッダの教説の枠内のことなので、大凡は予想され納得され得ることであった。

だが、インド・ガンガー流域からはるか遠く離れ、ギリシア・アテネ中心のプラトンの思想世界において、しかもブッダ没後三〇年以上も経って、極めて近似の思考が両者に見られたのは驚きでさらなる新発見であった。ヤスパースのいう、相互不通で同時代的発生の平行的事実の指摘はあるが、大凡において枢軸時代としての指摘であり、しかもこの「三如性」と「イデア三性」のような細部事実の指摘はない（ヤスパース『歴史の起源と目標』Ⅰ－Ⅰ－C）。また文化の相互不通か否か、未だ不明のことがあるように思われる。それで、これまで〝イデアの三点〟とか、〝イデア三定義と表わしてきたものは、以降、「イデアの三性《さんしょう》」と統一して、考え表わしていきたい。「三性」は、もともと唯識の術語で、現象世界の三つの見方であるが、その異質での転用である。

ともあれ、「三如性」と「無我」の「三無我」との対応を明らかにした。この「三無我」を、今まで整理した図表に位置づけ、そして全体を再度にわたり、次に整理してみた。加えて、〝試み〟として「空」の定義を私なりにしてみた。続いて、後にその注解を施してみたい、と思う。

				〈メモ〉	
プラトンの「イデアの三性」『第七書簡』	現象、影像、模像（同一性）《〜して》	イデア、範型、真実在、名前、超越性・離在性（外在性）オノマ《〜を超え》	本質、性質、属性、定義、ロゴス、カテゴリア（内在性）レーマ《〜足らしめる》	真実在のイデアから	表現での肯定面から
仏教 アーガマ 「三如性」（『因縁法』）	〈1〉如性「顕露なり」（如実）「柳は緑、花は紅」「諸法実相」	〈2〉不離如性 如性を離れてない。虚妄でないこと。	〈3〉不異如性 如性と異らず、即したもの。（これらの相依性なるものを縁起という）	縁起する如性から	
仏教 アーガマ 「三無我」（雑阿含『清浄』）	「我所」でない。「我の所有」なし。	「我」でない「梵我一如」の「我」（アートマン）の否定。「自我」の否定。	「我体」でない。流転する「霊魂」の否定。惑（煩悩）とそれからの業（身口意）。その消える涅槃へ。直訳「わが我」。	縁起する我の無我から〈人空〉	表現での否定面から
仏教 大乗仏教 『中論』第10－14（『観燃可燃品』）	①「火は薪を所有するものに非ず」（火は薪でない）	③「薪の中に火があるのでもない」（火が薪の中にあるのでもない）	②「火の中に薪があるのでもない」	縁起する火と薪	
仏教 大乗仏教 月称釈（『中論論疏』）	不所有（所有せず）	不依（依存せず）	不拠（根拠にならず）	縁起する不所不依不拠	表現での否定と肯定面から
「試み」としての「空」定義	「総てのものは、構成要素の集合totalでなく、かつ、また統一体の名づけwholeでもないところの離一多性、空性で無自性である。しかも、それあるは、残余の心、アーラヤ識が造るところの仮名・仮設としてである。」			空性と縁起する如性の仮名・仮設から	

右の図表は、大きく三つの面をもつ。一つは〝プラトンのイデア〟、二つは〝仏教〟、三つは〝試みの「空」定義〟である。〝イデア論のプラトニズム〟と〝縁起の理法のブッディズム〟と〝試み〟といってもよいであろう。図表に、私見の〈メモ〉をつけてみた。

まず第一に、プラトンの「イデアの三性」とアーガマ（伝承のことで阿含《あごん》）の「三如性」について、対応関係を考えてみたい。

イデアは範型での「真実在」で、超越・離在する、外在性の名前・オノマであった。それに対し「三如性」の一つである「不離如性」は、アーガマの『因縁法』で説かれた。「不離如性」は、虚妄でないことであって、「如性」の如実「柳は緑、花は紅」の例示のようなものから離れていない、と説く。つまり、そのあるがママ（仮）に観ること、如実（tathatā　タタター）を示す。ということは、イデアが超越の「真実在」であって、影像、現象は最終的に否定されるべきものだったのに対し、「不離如性」では「如性」のいわば影像、現象から離れていないところから肯定される。つまり超越、外在するイデアの「真実在」に対し、そのイデアは虚妄なので、その現象そのあるがママに如実にあるとおり観よ、と教える。そこに転倒があってはならない。イデアの「真実在」は虚妄で、錯覚であって、名づけの名詞で、例えば「～こと」は「終日、見ているが、しかも別に見るということがないのである。」（『無心論』）といわれるように、否定されるのである。イデアの否定なので、イデアレスとされるのである。超越のイデアでなく、現象そのあるがママに就きなさい、という（この点に限れば、アリストテレスのウーシア、実体の「個物」に似てもいるか。だがウーシアにはエイドス（イデア）が構成要件としてあり、やはり似るもつまりは異っている）。

そして、この現象、現実を重視する構えは、仏教の、ブッダの思考の根幹にある。この世界を、この人生をよく観察（ダメクーシャ）しなさい、その心は雑念を止《とど》めた平静な状態にあることを要するとする。禅定の意義がここにある。例えば、止（サマタ）と観（ビッパーサナ）の「止観」が説かれもする「法性《ほっしょう》寂然たるを止《し》と名づけ、寂にして常に照らすを観《かん》と名づく。初後をいうといえども、二なく別なし。これを円頓止観《えんどんしかん》を名づく。」（天台智顗『磨訶止観』序－1－2）。そこにあるがママのもの、歪まない、妄想されていないものが観える（気づく）と。正しく見るという八正道の「正見」のことである。「正見」は四諦の第四である道諦つまり八正道の第一番目にあげられている。雲りない、色めがねをつけない、しかも散漫でない心で、虚心によく観察せよ、見よという。その「正見」で、「正」はただ「見」の強調ではなく、観察に歪み、雲りなどが生れうるので、その原因を止《とど》める、つまり平静になるため、様々な煩悩を止《とど》める、そのために坐禅がある（のちのことであるが、煩悩原因のバイアスを分類して、思想、思慮分別、判断などが掲げられたりもする（西田幾多郎）。また、フッサールの「判断停止」エポケーも、また、類似しよう）。

第一で、以上のイデアの真実在と「三如性」の一つ「不離如性」の関係を考えた。現象はついには、否定さるべきものと、対するところのひたすらに肯定されるべきものだった。

第二として、次に、イデアと「無我」(anātman)との対応関係を再度考えてみたい。「無我」は三法印の「諸法無我」の「無我」であり、「三無我」に分けられたものである。

『ダンマ・パダ』（法句経）に、再度だが、重要な句がある。「私には子ある、財あると思い悩む。しかし、既に自己は自分のものではない。」というもの。ここで、私が所有していると思っている子や財は失うことがあるかもしれないことから悩みの種であるが、しかし、その悩んでいる自己が既に「自分のものではない」と、「自我」の否定が、明らかにされている。我（ātman）が無（an-）い、「無我」(anātman)が明かされている。この我とは、アートマンのことで、ブッダの時代ではウパニシャッドからの「梵我一如」の「我」のことである。宇宙原理である梵・ブラフマンから生み出され、放出された我は、不完全なまま生存し、やがて努めて（修行して）、完全に至って梵に帰りゆく、その完成形を「梵我一如」と表現したと解されよう。また、その本来性を表現したとも解されよう。その我が否定された、ということは梵を認めず、「梵我一如」の思想を認めず、ウパニシャッド、バラモン教（今日では原理継承のヒンドゥー教）を認めないということだった。つまり、それまでの既存の強大な伝統宗教を、ブッダは否定したのだ。ここに歴史上、画期的なブッダとその教説である仏教の新面目躍如たるところがある。

そこで、イデアであるが、イデアと自我、我との関わりでは、私はかつてこう考えていた。デカルト哲学の批判・検討からすなわち〝我思うイデア〟と、既にデカルト哲学の cogito, ergo sum の解明、考察で試みている（拙著『時と我』）。そこでは、思う我の思惟、thought, cogito は、イデアと解されるとした。ところが、デカルトの思考では諸観念の中から「生得観念」（idea innata）を選び出し、そこから「神 deus の観念」に至り、その結果に原因は優越するという因果律を適用して、また「いかなるものも無からは生じない」として、「神の観念」から神という存在（実在）を証明せざるを得ないとした。人間の生れつきもつという神観念は、神実在があってこそ刻印されているとし、刻印は紛れもなく、神実在に依らざるを得ない、とした（ここにプラトンのイデアでの洞窟の比喩を感じとる人もいよう。また、F・ベーコンの「四つのイドラ」（偏見）で、示された伝統的思考の「劇場のイドラ」を思う人もいよう）。

しかし、それは神存在の無限実体を我の有限実体から導き出したのであり、また神により、その「神の誠実性」から我が根拠づけられるともされ得て、前者は認識論的に神存在へのアプローチであり、後者は存在論的に根拠づけである、とも、私はかつて考えていた。

しかし、これは循環とならざるを得ず、循環の果てしない、繰り返さざるを得ない問題点を残している。また、「主語論理」の不徹底の問題も残している（西田幾多郎の「主語論理の破綻」という指摘）。

そこで〝我思うイデア〟で、我が思う cogito をイデアと捉えることで、そのことから我存在を導出しているのは、伝統的プラトニズムに就いたと思わざるを得ない、とした。その後に観念論、特にドイツ観念論のヘーゲルに至るまでの壮大な展開が準備されたといってよいであろう。そして、ついでながら、そのヘーゲルの観念論の反転した唯物論の弁証法的展開のマルクス主義しかも歴史的キリスト教的救済史観を浸入させたことも容易に理解されよう。

ともあれ、〝我思うイデア〟という私見では、イデアであって、それを龍樹『中論』の無自性と道元の時間論から否定されるとした。時間の常ない転変する無常からは、イデアを〝我思うイデア〟を認められないと主張せざるを得ない。否定する。また、我の自我存在は、ブッダの五蘊の分析・解明からもまた、存在し得ない、つまり無我だとする。否定する。否定された後に、相依性の相依る此縁生での「縁起の理法」から、それらは説き明かされていく。

5　まとめに代えて――「試み」としての「空」定義

先に掲げた、図表（一五〇頁）に〝「試み」としての「空」定義〟を述べたが、それを次に考えてみたい。再度、述べてみる。

「総てのものは、構成要素の集合 total でなく[A]、かつ、また統一体の名づけ whole でもない[B]ところの離一多性、空性で、無自性である[C]。しかも、それあるは、残余の心、アーラヤ識が造るところの仮名・仮設としてである[D]。」

右の文を仮に、A、B、C、Dに分節してみた。それを次に順次、解明してみよう。

Aは、ものの分析・アナリシス（analysis）と総合・シンセシス（synthesis）の共《とも》否定である。分析をここでは「構成要素」と表現し、総合を「集合 total」と表現し、共に否定している。前者の分析は、例えば化学分析が行なわれ、大別して定性分析と定量分析があるが、その前者では、そのものの性質を例えば炎の中にそのものを入れ、それ特有の色反応を見ることでの分析で、後者はその色の濃度、色調などで、その量の分析である。

一方の「集合 total」の総合は、分析したものの集合された total であって、例えば、水の元素 H_2O は、分析した H_2 とOとの集合した総合である。これら、分析と総合であるところのものを「構成要素の集合 total でなく」と、共に否定するのである。空性のゆえである。

ちなみに、カントは分析判断では、主語を分析すれば述語が得られるものの新知識を得られないとした、一方総合判断では、主語に含まれない新知識が述語として組み込まれ、主語と総合される判断なので、知識拡張の判断となると区分した。

しかし、ここでの分析判断と総合判断も共に否定するのである。新知識の新述語も「集合 total」に包含されて、否定されるのである。

また、今日の物理学で、「超弦理論」（super string theory）から考えるなら、素粒子を輪ゴムのようなひも（弦）と考え、基本粒子を点ではなく、一次元的に広がったひも（string）と仮定して、その相互作用から説明しようとするが、そのひもの長さを10^{-33}センチメートル程とし、その振動や回転が素粒子の振る舞いを与えるという。だが、事の次第は変らない。つまり、物質構成の最小単位を「分子」（例、H_2O）とし、その分子を「原子」（例で、H、O）に分析し、さらに「原子核」と「電子」とし、その「原子核」を「陽子」「中性子」「パイ中間子」などの「素粒子」から成るとして、その「素粒子」を先の「超弦理論」からと考えても、同様であるということで、否定されるのである。

　また、アメリカのゲル・マンが新た（一九六四年）に提唱した「クオーク説」は、素粒子よりもさらに小さいクオークという「超素粒子」で物質は構成されるとし、その三種ある「クオーク」は、素粒子の内部には存在するが、外には出てこないとし、これをクオークの閉じ込めという、と解説される。このクオークと、先の「構成要素の集合total」を考えても、事の次第は変らない。

　Aの「構成要素の集合totalでなく」をものの物質で主に考えてみたが、身近にあるもので考えてみたい。まず、人の例ではどうか。

　人は、今日の医学から、フィジカルの面から、あるいはメンタルの面からの区分と基礎医学とその応用の臨床医学の区分などに大別されるが、その中でも、心理学、精神医学、解剖学、脳外科学などが、ここでは注目である。その構造、機能、臓器などは構成要素といえるが、今は触れられない。古いブッダの時代の「五蘊」つまり、人間の構成要素であると考えられた五つの集まりから考えることで十分であろう。「五蘊」は、先に〝「諸法無我」の「無我」とは〟として「無我」の「我」を解明するために言及したところのもので、身体を成す「色」と精神・心を成す「受、想、行、識」の五つであった。身心（今日では多く「心身」と書く）は人間の総てであって、従って「五蘊」は人間の総てである（「名色」ともいった）。この「五蘊」は、「我」なので、無我は「五蘊」が無いことである。無いとは、ものが時によって常なく、転変するので無いというのである。そこから、たとえて「露のごとし」とも、泡とも、幻とも、夢ともいうのである。無常にある我は無我なのである。ものの実在でなく、生成、流転するからなのである。「五蘊皆空」（般若心経）。つまり「五蘊」は実在として否定され、仮のものとして「五蘊」は分析されていたのである。かくて「人は人にあらず」である。人は即ち人で非《な》いのである。しかし、人である、のである。

Aの「構成要素の集合 total でなく」を、ものの物質で考え、続いてひとの人間で考えてきたので、次にやまの山の例でも考えてみたい。

山は、平地と比べ、それよりも高く隆起した陸地の凸起部で、川、谷、海などの凹みで囲まれるものをいう。いわずもがなの経験知である。

その山は、構成要素である土、石、山道、峰などから成立している。他の山とするなら、それに即して同様に分析して考えてみる。そこで、その山を構成する各要素を集合して、総合してみても、その山ではないのである。寄せ集めのそれではないのである。では、その山とは何か。「山にあらず」である。人が「人にあらず」だったように、山も「山にあらず」なのである。何故か。だが、結論を急がず、まずは次に考えを進めたい。

Bの「統一体の名づけ whole でもない」に移る。先に、この山は「山にあらず」の例を出したので、この山の例から考えてみたい。

この山は、「山にあらず」の〝この山〟とは統一体の纏まりあるものを、我々は見て、眺めて山と呼び、名づけるが、それは総体で、全体が一つである whole であって、部分の山道などを指してはいない。僅かの部分でも欠ければ、この山の統一体、whole ではない。それで一であって、多ではないのである。その一つの統一体は、山と呼び名づけられたのだが、それは他のもの、例えば海とか、空とか、平地とか、谷とかと区分してそう呼び、名づけられたのである。

だが、より正しくは、区分された実在、実体ではなく、他のものと連なった縁《よ》りてある、たまたまのところのものの山としてあるのである。仮に呼び、名づけたのであって、一〇万年後は多分、風化、地殻変動で、山ではなく平地ではないのか、いや池か沼か、海中かもしれない。その限りで、仮の山であり、呼び名づけ whole としても、それは移ろう変化にあり、恒常な不変な山とはいえず、「山にあらず」なのである。

従って、この山は「山にあらず」なのである。この限りでは、この山という「名前は他の否定である」（陳那）ところによるといえようし、また〝総ての限定（名づけ）は否定である〟（スピノザ）ことによるともいえるであろう。さらに、区分呼称である分別を否定するので〝無分別〟といってもよいであろう。呼んだこの山を〝個〟とするなら、その〝個〟を超えるので〝超個〟ともいえることである（鈴木大拙）。

次に、人で考えてみたい。この人、A君で考えてみる。A君は青年で、将来が嘱望された頼もしい人物の一人である。A君には、かつて幼年期があり、この後、壮年、老年期といわれる時期を迎えるであろう。A君はA君の生涯をわたる。かつての幼年のA君は、今の青年のA君ではない。また、壮年、老年であろうA君とも異なる。幼年A君を1とすると、今のA君は2となり、壮年、老年のA君は3とすることができ、1→2→3は同一のA君ではない。ただ今の2青年A君にいるだけである。1幼年でなく、3壮年、老年でもない。つまり、今の2A君は1A君でなく、3A君でもない。同じく名づけられたA君ではあるが、異なった違うA君なのである。別人をわたっている（縁づいている）A君なのである。

ところが、同一律（矛盾律、排中律とともに形式論理で三大原理の一つ）の論理からは、A君は変化、運動の中で捉えない（捉えられない）ので、A君は同一で止まってしまう。〝A君はA君である〟というのみなのである。変化、運動すれば、A君でなくなるからだ。変ったA君はもはや同一のA君ではない。ちょうど、ゼノンの飛矢《ひし》静止論のように、矢は止まって、変化、運動を表現できない。受け入れない。否定するばかりとなる。他の例では、老《ろう》私《し》静止論とすると、私は現実として、老いて左足膝が痛く歩行も目下のところ大変だが、しかし私は形式論理の同一律で考えると、変化、運動がないのだから静止してしまう。悪化もしなければ、治りもしない。刻々の変化にあるのに、何とも奇妙な飛止静止論と同様におかしなこととなる。同一性の哲学の破綻である。

現実を厳格に説明するために考案された同一律が、実は現実を歪めてしまう結果となったのではないか。その問題の根本に概念化する働き、そして時間の侵入で歪曲された現実から、正確な知識を得ようとした努力の結果が、誤った道を進んだのではないか。その誤りの道は、時間の排除にあり、空間化の一途でなかったか。その極がイデアでないか。

それを正すには、時間の取り込みを要する。即ち、時間と空間を共に含ませるためには、矛盾を矛盾と表現すること、例えば「つらなりながら時々なり」（道元）のように、また「物に因るが故に時あらば、物を離るれば何ぞ時あらん」（『中論』19）のように物の有と時を相即させるようにである。

その表現のためには、一の有、存在からの出発ではなく、0の空からの出発を要する。つまり、存在論（オントロギー）でなく、プレ・オントロギーを要する。また、それは、メタフィジカ（形而上学）ではなく、メタ・メタフィジカを要する。端的に、平面論理の形式論理でなく、立体論理の四句分別（テトラレンマ）の論理を要する。排中律でなく、容中律を認めるレンマ尊重の論理である（山内得立）。端的には、感覚と理性の存在世界を、その基底を成すところを、さらに掘り下げた、生存の欲望、煩悩と直観からの平静と空観からの世界把握である。

次に、身近の物である〝家〟で考えてみたい。この〝家〟は、先のAの「構成要素の集合totalでなく」では、柱、床板、天井、屋根などの要素とその集合でないのは明らかである。では、次にBの「統一体の名づけwholeでもない」で考えてみる。この〝家〟は、玄関に通じるアプローチ、公用道と区分されて、家という。庭木や電柱や隣家とも区分されて、この〝家〟という。

だが、この名づけられた〝家〟は「家でない」のである。先の区分されて、いわれてのこの〝家〟は仮に名づけてのことなのである。真には、〝家〟は「家でない」のである。ということは、〝家〟は〝家〟だけであるのではなく、〝家〟と連なる公用道、電柱の電線と連なって、隣家と連なって〝家〟というのであって、孤立、独立した実在、実体なのではない。

そもそも〝家〟と〝区分〟したことが、現実への暴力だったのである。抽象する概念は、この暴力でもあって歪曲だった。色眼がねをかけたのだったのである。実体視せず、独立させないところに真の〝家〟はあったのである。真の〝家〟は、公用道と連なり、縁じていて、電柱により隣家により、この〝家〟はあったのであり、さらには川、山、空と連なって、この〝家〟は家だったので、従って、この〝家〟は孤立、実在する固有の「家でない」のである。他の諸々と縁起して、この〝家〟は仮にたまたまあるのである。縁起して、とは此縁生ともされるように、此により縁じて生れるところの相に依っていることなのである。こう説明するために「空」が必要であり、「空」の裏打ちで縁起が可能となる。

C「離一多性《りいちたしょう》で、空性で、無自性である。」に移る。「離一多性」とは寂護（シャーンタラクシタ）が、主著『中観荘厳論《ちゅうがんしょうごんろん》』で説いたもので、存在するすべてのものが、単一性と多数性の双方に結びつかないことを理由として「無自性」であることを、つまり「影像《えいぞう》」と同様であることを論証しようとしたものである。「自他の語るこの諸存在者は真実において無自性である。何故ならば一多の自性を離れているから、例えば影像と同様である。」この「離一多性」から「無自性」を導き出す寂護は中観思想家とされ、唯識思想をその有相説か無相説かいずれにせよ、単一性を離れているとして、否定する。一方、唯識思想を認め、中観思想と唯識思想の総合化が寂護の立場とする説もあり、むしろこれが通説とされる。「（中観と唯識の）二つの学説の馬車に乗って、論理の手綱をとる人々は、それゆえ文字通りの大乗教徒となる。」とされ、通説の論拠である。

そして、ここに空性のブッダの正覚があるのでなかろうか。ブッダは正覚で空性への中観思想をもつに至ったが、なお最終的に否定されるべき「識」をもつ。最終的に、残った「身体」は、即ち現象する現実で「識」の八識の世界でなかったか。ブッダの涅槃は、身体と識で、この現象と現実につながり、残る。「有余《うよ》涅槃」と呼ばれる「有余」が添えられる理由であろう。それゆえ、「有余」は唯識思想を表現し、「涅槃」（または「無余涅槃」）は中観思想を表現しているといえまいか。そして、それ故に、二学説の馬車をハンドリングすることこそ大乗教徒という、大きな船での「自利・利他」の菩薩道をゆくのでなかろうか。菩薩とは「色即是空と見て、大智を生じて生死に任せず、空即是色と見て、大悲を生じて涅槃に任せず。」（法蔵）だから。智恵で悟りの世界にいるが、しかし慈悲からこの現象する苦界に留まっている、と。なお菩薩の世界は仏界の前段で、次が仏界となる。

「離一多性」とは、以上のことから、Aの「構成要素の集合 total でなく」の多数性否定と、そのうえでなおB「統一体の名づけ whole でもない」の単一性を否定するところのものと受けとってよいのでなかろうか。

無自性という自らの性質、本性を否定することは、本質否定のことをいう。例えば、火は紙、薪《たきぎ》などの可燃物を燃やすことで、火と呼ばれ、燃やすことを性質、本質とするが、火それ自身、火の自らは燃やさない。このことを「無自性」という。自性の可燃性は、可燃物と出会う、縁ずることで発揮するのであって、独自に備わっているわけでないことをいう。予め自性が二者のいずれかにあるとする先住論でなく、夫々の自性が二者に平行して相応する予め並び存在する相応論でもない（『中論』第10）。縁ずる此縁生での燃焼なのである。「火は火自らを燃さない、ゆえに他を燃す。」のである（『中論』第10、観燃可燃品）。あるいは、ナイフは自らを切らないので他を切る、さらに、眼は自らを見ず、ゆえに他を見る、このように自らの性質、本質を否定することで無自性なのであり、それは「空性・シュニヤータ」のことなのである。

それは、自らを〝0〟において出立しているのである。対するところの、燃やす、切る、見るの事象を〝一〟において出立する有から、存在からの世界や存在者の説明とは異なるのである。自らを〝ゼロ〟においてとは、本質規定するところの存在より前にあるので存在論（オントロギー）以前であって、それはプレ・オントロギーといってよいであろう。それはまた、イデアレスともいってもよいことであろう。

D「それあるは残余の心、アーラヤ識が造るところの仮名・仮設としてである。」に移る。この「試み」の空では三段を経た。それを振り返ってみる。

第一段は、総てのものはA「構成要素の集合 total でなく」として、存在するもの総ては分析を通して、要素として解明されたり、またその集合 total で総合することにより明らかにされたりするが、それは「イデアの三性」からは、内在性の《～足らしめる》ところの本質、性質で、ロゴス、カテゴリアであって、オノマ・レーマの述語論理である。また、アーガマの「三如性」からは「不異如性」で、如実の「如性」と異ならないことで、「三無我」からは「我の所有するもの」でなく「梵我一如」の我でなく「我体」否定の流転する「霊魂」の否定での解脱を示す、つまりサンサーラからモークシャへの再生否定で即ち悟りなのである。また、大乗仏教の『中論』では、煩悩の火と燃えるさまは、煩悩の火の内に火を探ってもないのであって、火として燃えるのは可燃物の紙や薪があって縁じてのことをいい、火は自らは根拠をもたないのである。

第二段は、B「統一体の名づけ whole でもない」として、総体、全体の纏まりあるものとしての名づけられた呼称でもないこととして強固に主張される名前を否定する。その名前は終局的に真実在の〝イデア〟であり、「梵我一如」の〝我〟(アートマン)の名前で、それらを否定する。火を発すると見がちな紙・薪の可燃物の否定である。相応しない。それは「イデアの三性」からは、外在性の《~を超え》るところの真実在・イデアで超越性・離在性であって、オノマの主語論理である。また「三如性」からは「不離如性」で、如実の「如性」から離れないことで、「三無我」からはアートマン(我)の否定、そして『中論』では煩悩の火と燃えるさまは、煩悩の火の外に、火を探ってもないのであって、火として燃えるのは可燃物の紙や薪があって縁じてのことをいう。火は他の何ものかに依存したりはしないのである。依存でなく縁起してのことである。火はそれだけでは燃やさない、つまり火は自らを燃やさずである。

第三段は、C「離一多性で、空性で、無自性である。」として、「離一多性」を単一性と多数性の双方から離れていることとして、前者の単一性をB「統一体の名づけ whole でもない」とし、後者の多数性をA「構成要素の集合 total でなく」として捉えてみた。寂護は、この「離一多性」から「無自性」を導き出すが、その「無自性」は自らの本質がないことなので、例えれば、「火は火自らを燃さない。」ことであり、だが「無自性」であるが、可燃物の紙・薪などと出会う縁ずることで、火は燃焼するとされるのである。因縁生起するのである。火ばかりでなく、ナイフの切るにおいて、眼の見るにおいてもいい得ること同様である。

「無自性」は、自らが〝ゼロ〟からの出立で、空(sūnya)なのであって、対するところの感覚、理性からの現象把握からは概念、名前、観念を必要とするので、そのある、有〝一〟からの出立となり、存在論(onthologie)となる。ここでは、存在によって存在を説く超越を要していて、代表がイデアであって、「無自性」は、その否定を迫り「イデアレス」ともいうべきものとなる。また「プレ・オントロギー」ともなる。

第一～第三段の要約を了えたので、D「それあるは残余の心、アーラヤ識が造るところの仮名・仮設としてである。」に移りたい。振り返った要約のように、第一段A、第二段B、そして第三段Cであるところの「離一多性で、空性で、無自性である。」に及んだ。ということは、空の中観に至った。しかし最期のブッダがそうあったように、身体を残し、識を残していて、有余の涅槃と呼ばれた。また、そこで大乗の願いの仏国土が近づくともいい得た。残った識は唯識の学説を中観思想より以上に現実に即して説いたといえよう。その唯識の八識中にアーラヤ識という根本識、蔵識がある。そこから仮名で仮設されるものが、この現象する我々の現実世界である。通常、疑いもなく見て感じて信じている諸々の現実世界である。この現実世界は実は仮の諸々であり、仮名・仮設される現象世界である。それゆえ、「夢幻泡影《むげんほうよう》」といわれるのも、「一切の有為法は、夢、幻、泡、影の如く、露の如く、また電の如し。まさにかくの如き観を作すべし。」（『金剛般若経』32a。末尾）だからである。すなわち、総ての現象するもの（有為法）は夢、幻、泡、影のようで、また露《ろ(つゆ)》のよう、電《でん(いなずま)》の（狭義で稲光 lightning だが、thunder 雷を多く伴う）ようであるので、そのような観方（空観）をするべしというのである。

第二章　十二因縁の順観と逆観――迷いと悟り

1　仏教とローマ教皇

仏教の開祖であるゴータマ・ブッダは、それまで続けていたバラモン教修行の苦行（タパス）を棄てて、菩提樹の下で坐を組み悟りを開いた。これまでに六年を経ていた。時、三五歳で、この成道《じょうどう》（成仏得道）の悟りは、正《しょう》覚《がく》とされる。ブッダとは、この正覚の人を意味していて、「覚」（buddi　ブッディ）とは目覚めたことで、ブッダとは「覚者」（buddha）目覚めた者のことである。俗姓ゴータマが、ゴータマ・ブッダになった瞬間である。このブッディ「目覚め」とは、対象としてあるものの「～に」、「～を」つまり目的語のものに目覚めたのではなく、自らの直下「～から」目覚めたことなので、正を添え「正覚」という。要は、自己の覆れた闇を取り除き、自己の空（śūnya）に気づき、自らに証《あか》ししたので「自内証」ともいう。ハッと目覚め、自己の苦をもたらす執着とその由来に気づいた、と思われる。この閃きをどう解するか。

キリスト教で最もオーソドックスなローマ・カトリック教会は、ローマ教皇（法王）にペテロ以来その権威は天国の鍵の伝承によって今日のフランチェスコ教皇に至るが、その先代ヨハネ・パウロ二世は、どうこのブッダの閃きを受けとっていたか。その理解を要約すると、こうなる。ブッダの閃きは、この世は苦《く》で、それ故不幸で、悪しき世界だとし、それで、この世界から解放されるためには、無関心になるのがよい、とする。それをヨハネ・パウロ二世の言葉では次のようになる。

「ブッダが体験したひらめきは、世界は悪で、……不幸と苦しみの源である、という確信に要約できる。この苦から自らを解き放つためには、自らをも世界から解き放すのがよいということになる。」（F・ルノワール『仏教と西洋の出会い』今枝由郎他訳）

かくて、この世に「無関心」になることが、仏説での「ニルバーナ」（涅槃。もと吹き消すこと、煩悩消滅の意）だと解して、ヨハネ・パウロ二世教皇には、ニルバーナとは「単純かつ純粋な人格の消滅である」という考えに至る。かくて、ショーペンハウアー流の「厭世的」なペシミズムで、一七世紀に興った見神と完徳で神合一を説く「キエティスム」（静寂主義　quiétsme）に類すると仏教を理解する。神への愛と観想に徹する神秘的教理に類するとする。

しかし、キエティスムの神を愛することと共にある、神を徹底的に観想《テオーリア》するという受動性は、どこかバラモン思想の「梵我一如」という、梵・ブラフマンを我・アートマンが受動し、自らの中に見出してゆくのと相応していまいか。つまり、キエティスムの神の受動性は、バラモン思想の梵・ブラフマンの受動性に似てはいないか。とすると、ブッダの教説とは根本的に異る。何故なら梵・ブラフマンを拒否し、さらに我・アートマンも無い（無我）としたのがブッダなのだから、根本的に異るといわざるを得ない。バラモン教を拒否してブッダは仏説の悟り「目覚め」に至ったのだからである。バラモン教で、インドの六派哲学《ろっぱ》として整理され、それらにほぼ共通するベーダの哲学に反するブッダの教説と異なる。先のローマ教皇の理解からは、キエティスムと仏教を類似的に捉えるのは、キリスト教の神の下に仏教を位置づける誤りを生んでいるといわざるを得ない。

なお、キエティスムの提唱者であるスペインのモリノスは、教皇庁から著書『霊導』により一六八七年に異端宣告を受けていて、フランスのギェイヨン夫人、フェヌロンも教皇から一六九九年断罪された。ただ、カトリックから排除されたが、プロテスタントや東方教会でその思想は摂取されている、という。

また、このヨハネ・パウロ二世の見解に対して、スリランカ（セイロン）の仏教界は激怒した、というが当然であろう。

日本仏教の中では、ただ「厭離穢土《おんりえど》」と対をなす「欣求浄土《ごんぐじょうど》」という浄土思想があり、相似的な対称性が見られなくもない。すなわち「穢土《えど》」という、この世を穢《けが》れ汚《よご》れた垢《あか》のついた悪習に染まっている、否定すべき世界と見做して、そこから厭い離れること即ち「厭離」することが求められるという思想である。それと対をなす「欣求浄土」は、悟りを得た仏たちの住む浄《きよ》らかな世界を「浄土」といい、それを「欣求」つまり欣《よろこ》び求めることをいう。しかも「厭離穢土」を徹底することは「欣求浄土」になるとされる。この「浄土」思想は、源信によって主著『往生要集』で、「厭離穢土」に続いて「欣求浄土」を述べ、穢土を厭うことの自覚の徹底が、とりも直さず浄土を求めることになる、とするのである。

浄土は、西方《さいほう》に十万億の仏土をすぎたところに、菩薩が仏になった阿弥陀仏（amitabha　無量光）が法を説いているとされる。根本経典を浄土三部経といい、『無量寿経』『観無量寿経』『阿弥陀経』とする。念仏を唱えれば阿弥陀仏の西方極楽浄土に生れることを教える。日本では平安の末法の世に、天台門下の良源に師事した源信（恵心僧都）が『往生要集』を著して理論的基礎を築いた。その影響下で、法然の浄土宗、親鸞の浄土真宗、一遍の時宗などが成立していった。

阿弥陀仏の脇侍《きょうじ》である観音菩薩（観世音菩薩）が住む山を「補陀落《ふだらく》」（Potalaka　ポタラカ）といい、この南海上にあるとされる浄土の山に往《ゆ》こうとする渡海が見られた。日本で和歌山の那智山などをそれに当てていて、熊野灘からその「補陀落」を目指して単身小舟で海を渡ろうした「補陀落渡海《とかい》」が中世に見られたという。日光の二荒山《ふたあらさん》もその名づけは同じ起源とされる。また観音浄土である「補陀落」はダライ・ラマで有名なチベットのラサにある「ポタラ宮」にその名を留めている。

日本仏教の「厭離穢土」と対置された「欣求浄土」の浄土思想は、この「穢土」を「娑婆」（saha　サハー、忍土、忍界）と見做し、「浄土」を「極楽」の清浄な安楽国と見做す傾向があり、二元世界的である。これはキリスト教の現世と「神の国」天国である「永遠の世界」との二元的世界に極めて似かよる。この世とあの世で悪・苦と楽・善で、この世の苦・悪から離れ、楽・善のあの世を希《こいねが》い望むこととしてである。

浄土思想は、他力本願の「他力門」（浄土門、他力宗）であるのはいうまでもない。日本語での讃歌である「和讃」の中に次のものが知られる。

南無阿弥陀仏を唱うれば（「なむあみだぶつ」の念仏を唱えれば）
この世の利益《りやく》果てもなし（現世の利益は限りなく多く）
流転輪廻の罪消えて（悪業で地獄、餓鬼、畜生、修羅に陥ることなく）
定業《じょうごう》・中夭除《ちゅうようのぞ》こりぬ（生死の決った報いの業や早死は取り除かれて既にない）

阿弥陀（アミターバ、無量光）の仏は、命と光きわみなき仏で、永遠に救いを与える西方浄土、極楽浄土の仏で、この「阿弥陀仏」に帰依する（「南無《なむ》」namas ナマス、屈する、礼する、敬礼《きょうらい》）ことは、救いを請うことで、絶対的に信従することである。まことに、六字の名号「南無阿弥陀仏」を唱えれば（早口では「なまみだぶ」「なまんだぶ」

とも）、その念仏（称《唱》名念仏）だけで、この世で、限りなく利益をもたらし、流転する生死の輪廻も何らおかまいなしで、その苦しみから救われ、また罪業が消え（宿業なく）、来世では浄土に生れることができる、と説く。

ブッダ以来、説かれ続けてきた「智恵・プラジュニャー」は、殆ど影をひそめ、これに代て「信仰・シュラッダー」が強調されるに至る。「信仰」こそが「智恵」に代る救いだとする。「信を以って智恵に代る」と親鸞は、これを「獲信《かくしん》」として、信が獲られれば、それ往生であるとする。

「不条理なるゆえに信ず」（Crēdō quia absurdum）というテルトゥリアヌス（アウグスティヌスともされる）の言葉を想起させるが、この信の知を超え、超理性なることを表わしたことでは、初期キリスト教との共通性が感じとれ、それはまた宗教の本質、クレド（crēdō）を指摘したともいえようか。なお、クレドは「私は信じる」を意味する。

この点で、ブッダの「智恵」を尊重する態度は、哲学的（愛智 philosophy）といえようか。また、浄土系の法会等で「智恵」の経典の代表である『般若心経』が殆ど読誦《どくじゅ》されない理由も見出せよう。

日本仏教には、この「浄土思想」だけでなく、むしろこの世で悟る、仏になる、なろうと努める、自力修行を旨とする思想がある。天台宗、真言宗、禅宗、日蓮宗などの「即身成仏」の思想が、それである。これを「自力門」（聖道門、自力宗）というが、「犀《さい》の角《つの》のようにただ独《ひと》り歩《あゆ》め」（『スッタニパータ』第1－3）のブッダの教えの忠実な実行者といえよう。のちに、この「犀角独歩《さいかくどっぽ》」は「犀角一星《いっせい》」として、修行者と指導する師家《しけ》との出会いが語られる（『宏智《わんし》広録』巻4）。

2　凡夫二道

一般の人を私も含め、平凡の人であることから凡人とよくいう。その凡人は凡夫ともいうが、仏教では「衆生」とも「有情《うじょう》」とも、「生きとし生けるもの」ともいわれるものである。本来はサンスクリットに語源をもつサットヴァ（sattva）の訳である。衆多《しゅうた》の生死《しょうじ》を経るので「衆生」といい、従って「衆生は必ず死す」のである。それを凡夫ともいう。

日本の仏教で、開悟未だの我々衆生・凡夫がおかれているのは、二つの悟りへの道である。一つは念仏で西方浄土に往生できるとする輪廻を脱する成仏の道が一つ（往生成仏）。他の一つは、この人生・現世で悟りに達しなかった（成仏しなかった）道である。後者は、いわば〝未達成仏〟miss being Buddhaであって、それが六道（六趣）のいずれかに赴くところの「六道輪廻《ろくどうりんね》」をなすのである。六道（サド・ギャティ　ṣaḍ-gati）とは、地獄、餓鬼、畜生、修羅、人間、天上の道である。なお、「修羅」は阿修羅のことで、嫉《ねた》み妬《そね》み（ジェラシー）から戦闘を好み争いの断えないこと、最後の「天上」は帝釈天などの仏の守護神godsで、キリスト教の「天国」の「神God」ではない。

成仏しなかった、いわば〝未達成仏〟miss being Buddhaが、六道輪廻に繋縛され、それを繰り返して、修行の道場に留まりつづける。やり直し再挑戦rechallengeの続行が強いられる。

それに対して、「阿弥陀仏」に信従する者は、帰命「南無」するので、その徹底だけで救われるという。西方極楽浄土に生れることができると説かれる。即座に成仏するという頓教《とんぎょう》が採用され、本来の長い順序を経ての修行で成仏するという漸教《ぜんぎょう》ではない。その頓教は、本願を信ずることであって、長く修行することによってではない。信ずることで、阿弥陀仏の本願力によって一足飛びに西方極楽浄土に往生する、このことを「横超《おうちょう》」という（「横」は順を飛ばす、「超」は即座で、一足飛びのこと）。「横超の直道」とか「横超の一本道」とも表現される。これに対して、「竪超《じゅちょう》」とは自力修行で成仏するという、華厳・天台・真言などとされる（親鸞が『教行信証』で説いたところの教相判釈《きょうそうはんじゃく》（教判）による）。

親鸞の教判による「横超」と「竪超」の区分に従えば、端的に「念仏」と「坐禅」の区分としてよいように思う。平凡な多くの人々、凡人である衆生・凡夫は、仏道において二つの道があり、それは「念仏」と「坐禅」としてよいであろう。「念仏」は阿弥陀仏にひたすら縋《すが》り参らせることで計らいをもたぬことであり、「坐禅」は禅宗に顕著なように、無心にただひたすら坐り続けることで、妄念をもたぬ集中することとしてよいであろう。なお「禅」dhyāna は「禅那」と音写され、「定」と漢訳され禅定ともされるが、禅宗だけでなく、「竪超」の自力門には多かれ少なかれ見られる。そうすると、凡夫二道は「自力門」と「他力門」の二門ともなる。

3 仏キ論争

カトリックのヨハネ・パウロ二世の、ブッダの閃きについての理解を先に見たが、この世は苦であるので不幸で、従って悪であるとの確信に要約し、そこでこの苦の世から離れるために自らも解放し、それはこの世に「無関心」となることとして、それは「人格の消滅」にほかならないとした。厭世主義・ペシミズムであり、キリスト教の異端とされたキエティスムに類似していると、ブッダの教えを見た。

次にここでは、仏教とそこに新しく伝来したキリスト教との交渉史を一瞥しておきたい。一六世紀、戦国時代の日本に鉄砲とキリスト教がもたらされた。所謂、南蛮文化の伝来であるが、ポルトガル人が種子島に漂着して近代文明の武器である鉄砲を一五四三年にもたらし、その六年後の一五四九年にスペイン人のフランシスコ・ザビエルが、カトリックが宗教改革でプロテスタントに押され、その勢力挽回を図ろうとイエズス会が創設され、その布教先をアジアに求め、来日したのだった。大航海時代の波が日本に打ち寄せたのである。ザビエルは身長も低く、眼も髪も黒く日本人に似ていて親近感をもたれたらしい。それから、二年余の日本人ヤジローによる通訳・手引きでの布教だった。国際関係史からは「東アジアの日本」から「ヨーロッパの日本」へと位置を転換する端緒だった。この間、キリシタン大名といわれる、北九州の大友、有馬、大村の三大名はキリスト教の洗礼を受け、かつ保護もし、一五八二年には四人の「少年使節」をローマに派遣もした。

山口の大名大内義隆《よしたか》のキリスト教保護下では、仏教とキリスト教の、いうところの「仏キ論争」が一五五一年に起きた。

当初、キリスト教の「デウス・神」は真言宗の僧により、「大日如来」と理解されて敬意がはらわれた。「大日」とは、ヴァイロチャナのことで、日であり、太陽であって、「如来」は仏を表わす如去《にょこ》・如来《にょらい》のタターガタのことなので、真言密教では本尊をその「大日如来」とする。また、ヴァイロチャナは、華厳宗（東大寺が総本山）では盧舎那仏（毘盧遮那仏）として、あまねく光照らす遍照如来ともされていて、よく知られていた。また浄土宗では「阿弥陀」（アミターバ、無量光）などと解された。日と光をもたらす。

だが日を経て、その違いも明らかになった。すなわち、キリスト教の「造物主ゼウスの存在」、「霊魂の不滅」、「悪魔の存在」などの教えと、仏説との違いが明らかになっていった。

のち、一五六九年の織田信長の面前での朝山日乗とフロイスとの論争でも、和解することなく決裂していった。江戸時代に至っては、鈴木正三《しょうさん》『破吉利支丹』の著作が残る。類似よりも相違が拡がる。

4　三支と十二支縁起

「縁起の理法」が具体的になった「十二因縁」を理解しなければならない。「十二因縁」は十二支の因縁生起で「十二支縁起」ともいう。その「十二支縁起」の他に「十支縁起」「六支縁起」「四支縁起」「三支縁起」と説かれた。まずは単純素朴な「三支縁起」から始めるのが理解のため効果的であろう。骨格を明らかにするのが目的なので、若干補足を加えた。

「三支縁起」とは、「無明」（無知・煩悩）から「取」（執着・四取）が縁生して、その「取」から「苦」（四苦・八苦など）が生じるというもので、いともシンプルである。《無明→取→苦》という原因とその結果を解明したもので、三項目（支）での因縁生起（略して縁起）なのである。ここで、結果は〝それだから〟の由来を示す論理である。つまり根本的な無知・煩悩（無明）〝それだから〟（それが原因して）、執着（取）が生じ、〝それだから〟、この世の苦（生老病死の四苦・八苦）が結果している、というのである。執着するこだわり（拘泥）が、この世の諸々の苦しみ、その最たる死をもたらしていて、その執着の原因には無明という根本的な無知・煩悩があるというのである。「苦」の由来を明らかにした順序だてた観方なので、縁起の「順観」といい、時間の経過を明らかにした流転なので、輪廻（サンサーラ）というのである。論理的に縁起の「順観」であり、時間的には無常の流転である。

それではと、「苦」を滅却しようとするなら、その由来・原因する執着（取）を滅し、さらにその執着を滅しようとするなら、「無明」という根本的な無知・煩悩を止滅しなければならない。この止滅のために智恵・叡智（般若 prajñā）を得なければならない。これは、先の由来する原因究明で、順序だてたのに対して、逆の観方での滅する方向であるので「逆観」という。《無明↓取↓苦》の止滅を「逆観」の「叡智」（般若）で明らかにすることで、苦から解放される道すじが示される。智恵・叡智（般若）がここに働く。

そこで「叡智」（般若）とは、漢訳から「般若」（prajñā のパーリ俗語 paññā）とされるが、「般若の智恵」（鈴木大拙）と意味を二つ重ねて表現し、難解性を解消しようとしたともされる。なお、この般若は、能の鬼面（mask of a female demon）のでなくて、般若面は面打ちの般若坊の名に由来している。

「般若の智恵」とは、端的に空観で、実は「順観」も「逆観」も含むのである。「般若経」と総称される経典群は厖大なもので、八千頌般若経に加え、「金剛般若経」「理趣経」を含み、これらを集成した「大般若経」（玄奘訳で六〇〇巻）、ダイジェスト版の「般若心経」から成る。この「般若経」の思想の核心が「般若の智恵」で、その哲理を明らかにした論書の代表が龍樹の『中論』とされる。

「般若の智恵」が「空観」であり、自性空（無自性）の現象（事象）である「法」を因縁生起しているとして、そこに「縁起の理法」が働き、「三支縁起」が成立しているのである。再度、《無明↓取↓苦》現象の「法」は「三支縁起」であるが、それは「縁起の理法」によるのであり、その「縁起の理法」として働くと観るのは「般若の智恵」によってなのである。

ブッダが菩提樹下で正覚した、その成道は始め閃きであり、内容は縁起する三支のシンプルなものと思われ、それらが整備されのち十二因縁（縁起）となったのである。それを「四諦八正道」として、迷える人に説くために体系づけ整理され、そしてそれが経典に遺されたと考えられる。そこで、まずは肝要な「十二因縁」を解明してみたい。そして「四諦八正道」はそのダイジェスト版ともいうべきものなので、後々に触れたいと思う。

「十二因縁」は、前にも触れたように、無明《むみょう》、行《ぎょう》、識、名色《みょうしき》、六処《ろくしょ》、触《そく》、受、愛、取《しゅ》、有《う》、生《しょう》、老死の一二の項目（支分 aṅga）から成り立っている。

十二項目（十二支）の関わりは、パラスパラ・アペクサ（paraspara-apekṣa）で示され、パラスパラ・アペクサとは〝互いに、交互に相待《そうだい》（相対）している〟ことを表わす。パラスパラが「互いに、交互に」を意味し、アペクサが「相待（相対）している」ところの合成語である。各項目（支）の〝相互（パラスパラ）依拠（アペクサ）〟とも説明され、これが後に「因縁生起」（プラティーティヤ・サムパダ pratītya-samutpāda）すなわち因縁（プラティーティヤ）、生起（サムパダ）の〝縁りて起る〟ところの略語すなわち「縁起」となる。プラティーティヤ・サムパダは、古く「彼縁生果 idam pratyaya tāphala 是なる縁なるものの果」とパーリ語で最も簡潔には説明される。また後代には「彼ものによって此ものがある」（例えば龍樹『中論』第3－7）とも解されて、「彼」と「此」が相依相待にあると端的に示される。それは、例えば父母によって子生れるようであり、束ねた蘆《あし》の相依して立つ束蘆《そくろ》のようである。

この縁起は古く「彼縁生果」と説明されたとしたが、その「彼縁生果」よりもむしろ「此縁生《しえんしょう》」の訳がよりふさわしいとする主張がある。イダッパッチャヤター（idappaccayatā）の訳だが、そのイダム（此）は支を予想し、その支は有支だから「これに縁ること」「此縁生」がよりふさわしいとする（三枝充悳『縁起の思想』）。

龍樹（ナーガールジュナ、二～三世紀）の主著『中論』では、第26章で「十二因縁」は扱われている。実はこの第26章（観十二因縁品）と次の第27章（観邪見品）は、古くから小乗仏教のものと考えられ、空観に立つ大乗仏教からは軽く扱われてきた（中村元『龍樹』一九七頁）。しかし、大乗仏教の一つ、チベット仏教のダライ・ラマ法王の来日法話（二〇〇七年『「中論」講義』第18・24・26章）や新しい解「釈」からは慎重に扱われるようになった。それによれば第26章の最後第11・12節は「逆観」の成立で「還滅門」の説明と解釈されている（桂紹隆・五島清隆『龍樹「根本中論頌」を読む』）。

次に、この第11・12節を引用して確認しておきたい（引用文は『大乗仏典』平川彰訳による）。

「〔11〕無明が滅したときには、諸行は生起しない。

しかし無明の滅は、智によって〈真実を知見すること〉の実践よりおこるのである。

〔12〕それぞれ前のものの滅することにより、それぞれ後のものは生じない。

このもっぱら苦なる集合体は、この如くにして正しく滅するのである。」

念のため補足すると、まず無明からの「流転門」の最初は次のように説かれる。

「〔1〕無明に覆われたものは、再生に導く三種の行（業）をなす。

そしてその諸業によって、何らかの生存（趣）に生れるのである。

〔2〕識は行を縁として、趣に入るのである。

そして識が趣に入ることにおいて、名色（精神と肉体）が現われる。」

つまり「無明」（無知・煩悩）に覆われた者はそれと知らず、それで心身を煩わし悩ませる貪・瞋・痴などあまたある煩悩により、行為を通して三種の業（身業・口業・意業）をつくり、その業（身体の行ない、言葉の語り、心の働き）が再生をなし、新しい生存となるとする。かく「無明」から「行」の〃行為・三業〃への移行・縁起を説く。

……（以下、略）そして末尾に至り、「流転門」から「還滅門」に転じる。先の〔11〕での「無明が滅したときには、諸行は生起しない。」（中略して）〔12〕での「それぞれ前のものの滅することにより、それぞれ後のものは生じない。」と説かれる。

道元では、「前後ありといへども、前後際断せり」（『正法眼蔵』現成公案）と表現したことであろうところの解脱で「空」であろう（拙著『時と我』特に第5章）。

かくて、龍樹『中論』での解脱の「還滅門」は説明された。

また、今日の記号論理学では、（A→B）として、条件Aが〝ある〟とき、結果Bが〝生じる〟とし、または否定的に（¬A→¬B）として、条件Aが〝ない〟とき、結果Bが〝生じない〟とする、という。

5　順観と逆観

縁起の理法は、一般に『律蔵』「大品」の公式化で、次の言葉のように示される（他に「雑阿《ぞう》含経」12、14「因縁法」など）。

「此有るとき彼有り①、此生ずるにより彼生じ②、此無きとき彼無く③、此滅するにより彼滅す④」

ここで「此《これ》」と「彼《かれ》」の関わりを、①「有り」を②「生じ」と並べ、③「無く」を④「滅す」に並べているが、他方①「有り」の存在に③「無く」の非存在を、また②「生じ」の生起に④「滅す」の消滅を、つまり有無と生滅を対比させている。その有無と並べ、生滅と対比させたのは、次の理由によるのでないかと考えられる。

まず①の「有り」は「老死」（第12支）の「原因・遡及」①をしていって、「無明」（第1支）に至る理由からであり、次にそれから反転し②の「生じ」は「流転・順観」②を説いて「老死」（第12支）に至るからと思われる。

また一方の③の「無い」は「老死」（第12支）の結果を招くところの「結果・由来」③を辿っていって「無明」（第1支）へ至り、また反転して④の「滅す」は「老死」（第12支）の消滅する「還滅《げんめつ》・逆観」④を説いた理由からだ、と思われる（のち詳説する）。

また、他方では「有り」①「無い」③の有無を現象の〝存否〟の理由づけとしての論理的関係（諸法無我）とする。ここで無我は〝梵我一如〟の我の無いこと。また「生じ」②「滅す」④を現象の〝生滅〟（無常）の時間的因果（諸行無常）とする見解も、従来からあるようである（水野弘元『仏教の基礎知識』）。

縁起と現象する法との関わりでは、「縁起を見る者は法を見る、法を見る者は縁起を見る」として、「法」が意味する現象は「縁起」であり、「縁起」の理法が顕現する現象が「法」であって、それがまさしく真理（法）にほかならないとする。真理（法）が現象（あるいは事象）となるのが「法」ダルマ dharma である。「法」ダルマとは「能持自性《のうじじしょう》、軌生物解《きしょうもつげ》」（「よく自己の性質を持ち、自ら模範となって人をして物の理解を生ぜしむ」）と定義される。ここで「自性」の現象は「軌生物解」の道理であり、それは真理の意味するところとなる。そうすると、現象の背後にあるとされるイデア、本質、実在、実体などと称されるものはないこととなる（idealess）。現象のみが真であり、「ありのまま」（如実）なるものであって、如実智見なのである。

「諸法実相」とそれが表現されるとき、天台では、それを〝諸法は実相なり〟として、〝現象即実在論〟（円融実在論と井上哲次郎）を主張することとなる。それに比して例えば道元は「諸法実相」を〝実相は諸相なり〟として、隠されているものはなく、流転する現象は絶対であって、諸相の諸法こそが実相である、とする。「無常者、仏性也」で「生死は、すなわち仏の御いのちなり」にほかならずで、「生死即涅槃」とされる大乗仏教の空観から縁起で生死（現象・法）を説くことと如実である。さらには「この山河・大地みな仏性海なり」とする。それを達磨に尋ねれば、「心外《しんがい》に物《もつ》なく、物外に心なき」（心外無物。物外無心）と答えるであろうし（『無心論』）、それを趙州《じょうしゅう》禅師に尋ねれば、「庭前《ていぜん》の柏樹子《はくじゅし》」が達磨である祖師西来意であって、極まるところ「物我一如」と答えるであろう。

ブッダの時代には、従来のバラモン教とそのベーダ哲学によるのが常識であったので、「梵我一如」とされる「梵・ブラフマン」を拒否することは革命的ですらあって、思想自由主義運動の中での一つの理論であった。即ちベーダ哲学の説くブラフマン（梵）は、創造主の神（デーヴァ　Deva）であって、そこに内在するものが解体され、それが分身として放出されているのが、現象であってその一つがアートマン（我）なのである。ただ、破片となった鏡が、元の鏡と同様に全体を映す、そのように破片鏡は全体である鏡と一如（同一）にある。このアートマン（我）を否定したのがブッダで「無我」あるいは「非我」とされて「諸法無我」の三法印の一つとされるに至った。従って、ブラフマンとアートマンは、バラモン正統では、本性において同一（一如）なのである。それは「因中有《う》果説」といわれ、ベーダ末尾のウパニシャッド思想の基本である。のちのインド六派《ろっぱ》哲学の一つサーンキヤ（数論）学派が、その思想を受け継ぐ。喩えると、バナナは輪切りにいくらそうしてもバナナであり、羊羹《ようかん》もまた同様に羊羹であるようにである。

「梵我一如」と一体に表現したものが、バラモン正統説の基本である。その本性である本来性を、とり戻す理論と実践が、知識（ベーダ）と修行（ヨーガ）で、知識はベーダ（ヴェーダとも　Veda）と呼ばれ、積年成果で神聖視され、それをバラモン（祭官）が担い、修行は古くからあるヨーガ（のちそれを中心としたヨーガ学派ともなる）がとり入れた。

この創造主で神であるブラフマン（梵）についての知識（ベーダ）を拒否し、そこからの「梵我一如」説を認めず、「因中有《う》果説」を肯定せず、それらを担うバラモン（司祭）階級を基本的に否定したのが、ブッダであり、その教えが「縁起の理法」なのである。

「縁起の理法」で、ブッダは、「梵我一如」のバラモン正統説に反逆した。その反逆説を証明するために、ヨーガを受け入れた。

　さりとて、六派哲学の一つであるヴァイシェーシカ学派の「要素集合説」である、「因中無果説」を肯定したわけでもなかった。先のサーンキヤ学派（数論）のように、原因の中に、既に結果が含まれているという、つまり因と果が同質という「因中有《う》果説」（原因内在説）でなく、さりとて原因の中に結果はない、という　つまり因と果は別で、独立の要素が集まって現象世界があるという、ヴァイシェーシカ学派（勝論）の「因中無果説」でもない。ブッダの「縁起の理法」は、端的には要素が仮に集まり、縁りて和合し、織りなす現象といえよう。五蘊《ごうん》仮和合《けわごう》という。要素は五蘊《ごうん》（色受想行識）で、それらが仮に縁りて起るものが、現象であるとする。

　その「五蘊」とは、五つの要素でその仮の集まりで、色受想行識の仮和合が現象する。次にその「五蘊」を示す。

「色」（ルーパー　rūpa）とは、感覚器官をもつ身体、物質、いろ、形あるもののことで、
「受」（ベーダーナー　vedanā）とは、苦、楽、捨（不苦、不楽）の三受の感覚をもつ、感受作用のことで、
「想」（サンジュニヤー　saṃjñā）とは、知覚し、イメージを作る、表象作用のことで、
「行」（サンスカーラ　saṃskāra）とは、意志的な行ないとその他の心作用のことで、そして、
「識」（ヴィジャーナ　vijñāna）とは、認識し判断する識別作用のことをいう。初めの「色」の身体、物質は身心二元論の観点からは、「身」であり、他の「受想行識」は「心」である。今日「心身」の順の表記例が多いが、仏教では逆の「身心」の表記例が多い。

　雲は作られながら、また作るところの、または消されながら消すところの、一連の縁《よ》りて起るものというように、現象世界は、連鎖してあるといえよう。縁起している。

十二因縁で、「縁起の理法」は、「老死」〔附〕の⑫の苦悩は何故にあるのかと問い「原因遡及」して「生」⑪の誕生する有情《うじょう》（生きもの）に原因があるとし、ではその「生」⑪（誕生、有情）は何故にあるのかと問い、その原因は輪廻（流転）にあるからで「有《う》」⑩（生存、三有）に原因はあり、その中の一つ「欲有」に生存する輪廻からとして、以後、順次「取」⑨（執着、四取）、「愛」⑧（渇愛、三愛）と原因を遡及していって、ついに「無明」①（無知、煩悩）に到達する。これは仮に「無明」①を上に、「老死」⑫を下に配列するなら「上り道」である。「上り道」で「原因遡及」が明らかになったので、次にはそのことでの現象、現実を観察しなければならない。それが「下り道」で、流転するサンサーラの縁起を順観すること、すなわち「流転順観」である。第1支「無明」（無知、煩悩）に縁《よ》り、第2支「行」（行為、三業）が生れ、以後順に、「行」に縁《よ》り「識」が生れ、「識」に縁《よ》り「名色《みょうしき》」が生れるというように、順に観察し、かくて第11支「生《しょう》」に縁《よ》り、第12支「老死」が生じるとなる。それは順次に流転の縁起する、つまり「十二支の縁生」を観察しての次第である。

それでは、「原因遡及」と「流転順観」で苦悩の輪に閉じ込められ、輪廻転生するつまり流転する有情の生きとし生けるものの、その「苦」からの脱出口はどこにあるのか。それが「結果由来」の「上り道」と「還滅逆観」の「下り道」の解明である。

「結果由来」は結果する「老死」がなくなるためには何がなくなればと問うて、それは「生」（誕生、有情）がなくなればと推究し、「生」がなくなるためには何がなくなればと問い、「有」がなくなればと、……結果することの由来を問い、論理的に追究して、第1支の「無明」（無知、煩悩）のアヴィディヤに至る。「老死」の結果は、「無明」に由来することを論理的に知る。そうであるなら「苦」脱出は、転換して「無明」を滅却すればよいではないか。〃ない・滅、ない・滅〃と順次「還滅《げんめつ》・逆観」すればよいのでないか。かくて「無明」なくして「行」なく、……「生」なくして「老死」ない流転、輪廻から脱出する「解脱」となる。輪廻に閉じ込められた「苦」は消滅する。再びの「生」（誕生）はないので、再びの「老死」はない、「苦」から解放され、これが「涅槃」ニルバーナといわれる。何やら心もとないが、再びの死の苦しみから逃れんがための道である。これを解脱という。

〔附〕

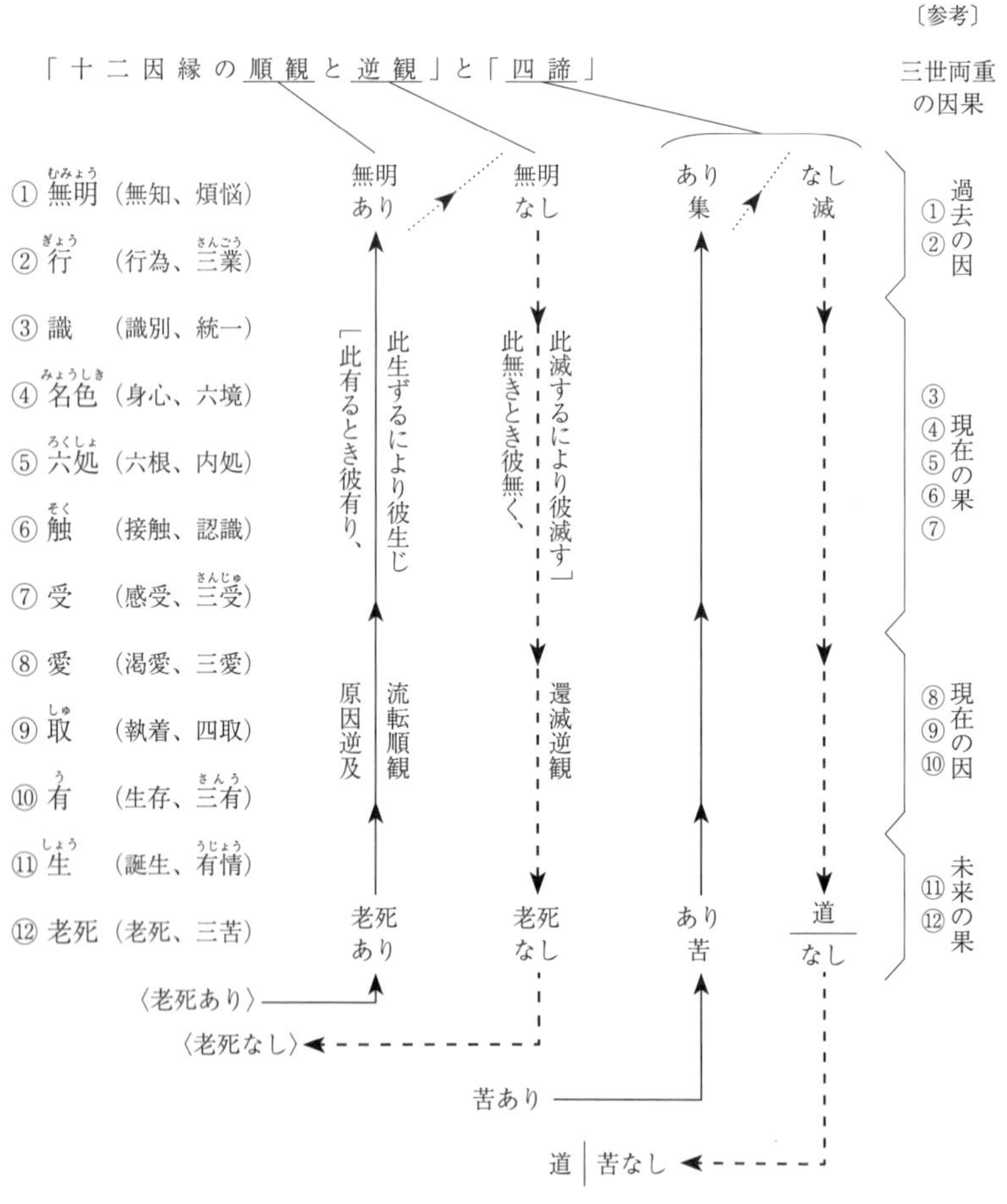

第三章　龍樹の「前後時間」と「過現未時間」

時あるいは時間を主題としたとき、『中論』はその時間と格闘したドキュメントといっても差しつかえないであろう。時間を龍樹が、その主著『中論』ではどう見ているか。つまるところ、時間は「空性」（シュニヤータ sūnyata）で、「色即是空」の「是空」なのだ。だが、目にする耳にする現象あるいは事象を時間からは、どう捉えているのか。

それを現象（事象）するところの諸々で、時間はどう関わるのか、と問えば、現象は時間と共にある、現象は時間で、時間は現象である、とひとまず仮に答え得よう。端的には、〝現象（もの、存在）に縁て時あらば、現象（もの、存在）を離れて、何ぞ時あろうか。〟（因物故有時、離物何有時、『中論』羅什訳、第19－6）。のちに道元が「有時《うじ》」として、『正法眼蔵』「有時」の巻第2で、表現していることである。即ち「いはゆる有時は、時すでにこれ有《いう》なり、有はみな時なり。」と表し、時間は既に現象（事象、存在）であり、現象はみな時間である、とする。現象は時間であり、時間は現象である。「有時相即」あるいは有時同伴の現象で存在は時間と共にあり、切り離せない。これを具体例では、「山も時なり、海も時なり。」（同、第18）の「有時相即」としたことである。

また、波多野精一では、現在と存在の同義語として、表現したことである。「現に生きる即ち実在する存在にとっては『現在』と真実の存在とは同義語である。」（『時と永遠』1－2）。

また、古く華厳思想でもいう。「時に別体なし、法によって立つ」（『華厳五教章・匡真抄《きょうしんしょう》』）。時は法（事象）と別でない、とする。

さらに、ライプニッツでは、事象即ち出来事から独立の時間はなく、継起する秩序の時間である。「時間は一緒に存していない『もの』と『もの』との秩序である。」（レモンへの手紙）。

それはまた、もののない「空っぽの宇宙に変化なし」の時間が、エルンスト・マッハの時間で、さらにアインシュタインの相対性理論の時間でもある。

これらの時間は再度、要約すると、これから考察する『中論』（第19－6）の「因物故有時、離物何有時」の物（存在、有）と時の相即のことである（拙著『時と我』一〇頁）。

この時間は、今日の科学的・常識と多分に違う。今日の常識的な古典物理学のニュートンの絶対時間でない。即ち、時間と空間を絶対的な尺度とした、事象の容器、入れ物のようにした時間ではない。時間と空間が乖離・独立している時間でない。

また、カント哲学でいう〝時空は認識の直観形式〟であり、また認識形式のアプリオリな秩序形式のカテゴリーでもない。

ここに、ニュートンの〝有時乖離〟（絶対時間）と、それに対する龍樹の〝有時相即〟の比較考察としての展開があり得る、と思う。

それで、『中論』全27章では時間へ言及したところの章は幾つもある。例えば、第9章観住品（過去）、第10章観燃可燃品（火と薪）、第24章観四諦品（真理）などである。ただ、ここでは直接テーマとして言及した時間論の二つの章を考える。即ち第11章観本際品（前後の究極に関する考察）と第19章観時品（時の考察）とをとりあげてみたいのである。

◆『中論』第11章観本際品（前後の究極に関する考察）

まず、一つ目の第11章のポイントをあげる。

第11章を一言でいうと、〝初原である本際は、輪廻の無始・無終ゆえに、以前、以後、同時なく、生、老死を語るの無意味、ナンセンス、戯論〟となる。

この第11章は輪廻転生（サンサーラ）の「前後時間」を考察して、限りなく遠い（以）前の「始まり」であるところの究極はない、つまり「無始」とし、翻って、際限なき果てなき（以）後をも考察して、「無終」とする。それらは「無始」であることによる「無終」である。「始まり」なければ、「終り」ある筈はないのだから。初めあり、終りある「物語」とは無縁である。総ては縁あり、縁でつながる有縁なのである。そして、いつまでも縁りて起る生起は永劫で永遠とも見えようが、仮名・仮設（プラジナプティ・ウパカーラ）としてである。

《要旨》

輪廻転生は究極の始めなく、終りないので、以前、以後、同時はない。それで、生、（老）死を語るのは意味をなさないところの戯論《けろん》（プラパンチャ）である。以下は、その次第を説く。(1)〜(7)の頌。

(1)　究極の始まりは、知れず、とブッダは教える（『本際経』『無本際経』三枝充悳《さいぐさみつよし》注）。輪廻は無始、無終ゆえに、と（ブッダの教説が前提にあり、検討可能で保留とする）。

(2)　始めなく、終りないのに、どうして中があろうか。それ故に、以前なく、以後ないので、同時はない（道元は、この青目釈羅什訳の第2頌から「前後ありといへども、前後際断せり」を術語化したと思われる。以前（先）と以後があると〔仮に俗諦では〕しても、〔真諦では〕中は断たれている。前後の際は断絶されている）。

(3)　もし、（常識的に）前に生があるとし、後に死があるとすると、生のみとなるのではないか。おかしい（アブサードabsurd）。何故なら生のみがあって、以後はないので死はない、死なない人となる。生は死あって生である筈なのだから（ここで〝おかしい〟（アブサード　absurd）とは、「帰謬論証」のことで、誤謬に帰着させるところの「背理法」である。それは例えば、煙の立たぬ処に火はない、（それを）煙はないとすると、故に火はないとなる。それは現に煙があるので〝おかしい〟というもの）。

(4)　（であるなら、逆に）、もし前に死があるとし、後に生があるとすると、原因のない、無原因の死となる。〝おかしい〟。未だ生じないのに、どうして死があろうか。

(5)　また、もし、同じ時間の同時に生と死があるとすると、一緒のものとして共にあることとなり、これも原因のない無原因となり、〝おかしい〟。

(6)　（以）前・(3)、（以）後・(4)、同（時）・(5)は起り得ないのに、何故に、生、死を語るのか。無意味、ナンセンス、戯論なのでないか（有名句の「何が故に而も戯論して、生と老死と有りと謂《い》うや」と。「何故而戯論、謂有生老死」青目釈羅什訳）。

(7)　輪廻の無始、因果、能所、作用主体など究極の始めはない。無始である（これは《所謂》因果でなく、縁起をとくためである。即ち《所謂》原因が結果を引き起すというのでなく、「此縁性《しえんしょう》」の「此《こ》れに縁《よ》ること」《巴利、イダッパッチャヤター、三枝『縁起の思想』二一〇頁》をとくためである）。

◆『中論』第19章観時品（時の考察）

時あるいは時間を考えるとき、時は大きく二つに分けて考えられる。一つは時の前後の区分から捉える「前後時間」で、二つは過去、現在、未来から時の様相として捉える「過現未《かげんみ》時間」とである。ここで龍樹《りゅうじゅ》（ナーガールジュナ、二〜三世紀）は、後者の「過現未時間」を考察する。論法は帰謬法《きびゅうほう》である。帰謬法とは、火と薪の、働きと主体が、同じだと仮定すると、〝おかしい〟（absurd）ところの ridiculous（ばかげた）結論を引き出し、間接証明する背理法のこと。全1〜6の六頌《じゅ》から、この第19章、時の考察（観時品）は成る。

なお、「前後時間」は、第11章観本際品（前後の究極に関する考察）で、〝輪廻の無始無終〟として扱われた。結果、正確には断絶する〝前後際断時間〟である。また波多野精一の「自然的時間」でもある。

また「前後時間」は凡その外見ではあるが、アリストテレスの自然の前後に関わる運動の時間とも、マクタガートの「B系列」とも比定できようか。そうすると「過現未時間」は、アウグスティヌスの時間（過去、現在、未来を記憶、直観、期待とした現在の意識時間で、神なる有始、有終の絶対者と関わる）とも、マクタガートの「A系列」時間ともなろうか。

第19章を一言でいうと、〝観時品の「過現未時間」は、相対《そうだい》（相待）ゆえ三時なし、不可得ゆえ三時相なしで、有時相即ゆえ有なし、時なし〟である。

その次第を全六頌からは次のようである。

まず、時の過去・現在・未来は、相対（相待、アペクサ）にあり、絶対（絶待）でない。１２３頌で、絶対とする実有論者の誤りを、仮定して、成立しないことから示す。４頌で、過・現・未の相対（アペクサ）は、上・中・下や、１と多でも同様である。５頌で、時は不可得ゆえ、三時相はない。もの（物）に縁《よ》り（プラティーティヤ）、時あるので、もの（物）を離れて時はない。６頌で、もの（物）は、空（シューニヤ）なので、三時の過現未はない（道元の「有時」という表現由来か）。

《要旨》

「過現未時間」は、相互に依存する「相《あ》い因《よ》り待《じ》する」ところの「相待《そうだい》・アペクサ」としてあるので、独立した実有《じつう》ではないとして、その独自・実有論者の主張を斥ける。また、もの（物）に「縁《よ》り・プラティーティヤ」、時あるので、もの（物）を離れて時はない。もの（物）は「空・シューニヤ」なので、従って、時である過現未の三時はない。その論法は、仮定して相手の誤りを導き出す「帰謬法《きびゅうほう》プラサンガ」で、積極的な真を主張するものではない。ここでは〝おかしい absurd〟と表現し、reduce して結着させる。

なお、独自・実有論とは、「三世実有《さんぜじつう》、法体恒有《ほったいごうう》」の「実有」を実在とする「説一切有部《せついっさいうぶ》」の論者のことで、龍樹はこの相手を斥ける。それはまた、「三世」にわたる、即ち過現未にわたる「実有」を主張する、それまでに有力だった有部の論者たちを批判することでもある。この有部の代表的な論書が『倶舎論《くしゃろん》』である。

なお、批判の相手を「時間」の概念をも厳密に規定し、実在するとしたヴァイシェーシカ学派（Vaiśesika　勝論《かつろん》学派）との注解（清弁《しょうべん》、六世紀の『般若灯論釈』ほか）もあるが、この仏教外だけでなく、仏教内の部派仏教である有部も含めてよいであろう（江島恵教《やすのり》「大乗仏教における時間論」講座・仏教思想第1巻ほかの注）。

1〔本文訳〕

仮に、過去に依存（相待、アペクサ、起因）して、現在と未来があるとするなら、現在と未来は、過去（の時）にあることとなる。

〔注〕：そうすると、現在と未来はそれ自身ではなくなり、皆な過去（の時）となる。いうなれば、過去に縮み、収納される。依存する過現未でなくなり、おかしい。これを定式化して《仮に因中有果とするなら、因中無果で、おかしい》。換言すると、仮定をして、起因する有のその中にもたらされる結果が有るとするなら、結局はそれ自

身のものとしては無くなり、不合理でつじつまが合わない、おかしい。何故なら、因果の依存が成立しないから。
〔比喩〕：仮に、火に依存（起因）して、煙あるとするなら、煙は火にあることとなる。皆な火となり、煙はない、となりおかしい（同様に、灯に明かり、雷に電光・稲妻でもある）。
バラモンの正統思想で、「梵・ブラフマン」は「我・アートマン」を内在させていたが、それを分身として解体させ放出する、その「梵」を、ここでの「過去」としてもよいであろう。そうすると（起）因の「梵」に、（成）果の「我」があるとすると、「我」は「梵」にある。つまり（成）果の「我」自身はない。おかしい。こうも比喩され得る。

2〔本文訳〕
また、（そうならばと反対に考えて）、仮に過去（の時）に現在と未来がないとするなら、現在と未来はどうして過去に依存（相待、アペクサ、起因）しようか。
〔注〕：そうすると過去に依存（起因）しない。これを《仮に因中無果とするなら、無因無果となり、おかしい》。因果の依存は成立しない。
〔比喩〕：また（そうならばと反対に考えて）、仮に、火に煙はないとするなら、煙はどうして火に依存（起因）しようか。火に依存（起因）しない、おかしい。
創造主の「梵」に「我」がないとするなら、「我」は「梵」に依存（起因）しない、おかしい。

3〔本文訳〕
さらに、過去に依存（相待、アペクサ、起因）しないとすれば、現在と未来は成立しない。ここから、現在と未来（の時）はない。

〔注〕：従って（1～3を纏めると）、1の過去に依存（起因）して、現在、未来があるとする仮定は誤りで、過去に依存（起因）しない。また2のないとする仮定も誤りである。つまり、過去に果がある1とするも、ない2とするも、共に成立しない。1～3の三段で〝誤謬に帰する〟帰謬法での論法である。

その3は《仮に無因無果とするなら、無因果となり、おかしい》。そもそもにおいて、（起）因の中に（成）果があるとするも、ない2とするも、因果は成立しないのだから。ここから（起）因も（成）果も、独立する実有でないことが明らかとなる。その1～3の次第を復習すると、《因中有果⇓因中無果1、因中無果⇓無因無果2、無因無果⇓無因果3》となる。因果は成立しない。成立するのは因果でなく、因縁生起である。

〔比喩〕：さらに、火に依存（起因）するに加えてしないとすれば、煙は成立しない。ここから、煙はない。従って、火に依存（起因）して煙あるとする仮定は誤り、となる。帰謬による論法である。

創造主「梵」に依存（起因）して、「我」がある1とするも、ない2とするも、共に主張し得ない誤りである。梵の因で我は、有るでなく、無いでない。

4〔本文訳〕

この過去のように、他の二時（である現在、未来）を入れ替えて考えるべきである。

また、上・中・下なども同様に理解すべきである。

さらに、単数性、複数性の一と多を同様に理解すべきである。

〔注〕：今、過去に入れ替えて、現在を考えてみる。そうすると、仮に現在に依存（起因）して、未来と過去があるとするなら、未来、過去は現在（の時）にある。そうならばと反対に、仮に現在（の時）に、過去、未来がないとするなら、未来、現在は現在に依存（起因）しようか。現在に依存（起因）しない。おかしい。ポイントでいう

と、1《因中有果》でも、2《因中無果》でも、3《無因無果》としても、因果成立せずの《無因果》となり、おかしい。〝(起)因して、(成)果〟する過現未なのだから、これはおかしい。例えば、びん(花瓶《かびん》)と、ころも(衣装)のように、別々のものとしての独立した実有(法有)として、それらはない(青目《しょうもく》・ピンガラ、四世紀の比喩)。独立した実有として、過現未の三時はない。

　これを《相互依存(起因)ゆえ、三時なし》と要約する。

　依存(起因)のアペクサ apekṣya は、相待《そうだい》、因待《いんだい》、相依《そうえ》、因《よ》って、相依《そうえ》相関と訳し、表現しても同じことである。1・2・3で各一回使われる。

　また、上に依存(起因)して、中・下あり、上に依存(起因)せずして、中・下なく、上を離れて、中・下なきのように理解すべきである。上も、中も、下も絶対(絶待)として表現されることはない。相対(相待)にある。仮に、この上も、もっと上があれば、中となる。下も、もっと下があれば、中となる。親も子も絶対として表現されることはない。この子も子を産めば親となる。子に依《よ》り親となる。

　さらに、1に依存(起因)して、2・3あり、1に依存(起因)せずして、2・3なく、1を離れて、2・3なきのように理解すべきである。1と多は、1と異で、それらは「瓶衣《びょうえ》」のように(花瓶と衣装のように)独立した実有でない。

　寂護《じゃくご》(シャーンタラクシタ、八世紀)が、『中観荘厳論』でいう「離一多性」の「一と多」から「離れる」は、ここに由来するとするなら、空性の端的な表現となろう(「一と異」は青目の釈)。

　喩えるなら、「この山」で、「山」はその「一」(統一体　whole)として名づけられて、他の谷、川、海から「離れ」ていてその「山」でなく、またその「多」(構成要素　total)により部分集合から「離れ」ていて、山頂、山腹、山道などでもない。「離一多性」で、「空」である。この喩えは「山」だけでなく、総てのもの「人」「家」などでも同様に考えられよう。念のため考えてみる。「この家」で、「家」はストリート、リビエール、ベルクの他から「離れ」ている名づけられているその「家」でなく、またドアー、ピラー、ダッハの構成要素の「多」でもない「離一多性」で「空」である。

要約を私なりにすると、〝総てのものは、構成要素の（総合）total でなく、かつまた、統一体の（全体）whole でもないところの「離一多性」で「無自性」である〟となる。

時間で考えるなら、絶えて滅び亡くなるだけの断滅しての見解、即ち「断見」はならず。もとより、いつまでも常であり続ける常恒の「常見」でもない（『中論』第15章10）。ということは、過現未の三時は「不常」で、「不断」である。「断見」「常見」ならずの「不常」「不断」で、「不一」「不異」（即ち「離一多性」）でもある。龍樹の空の表現である「八不《はっぷ》」である。「不生・不滅、不常・不断、不一・不異、不来・不去」の「不常・不断」で「不一・不異」である。

5〔本文訳〕

未来は未だ住しない（留まらない）時間だが、それは認識（把捉）されない。過去は既に住した時間だが、それは存在しない。そうして、現在は未だ認識されない時間だが、それはどうして知られようか（知られない）。

〔注〕：要約を《時は不可得ゆえ三時相なし》とする。

ここで、参考として、三時のサンスクリット原語を示す（中村元『広説佛教語大辞典』ほか、による）。

過去：アティタ attita で、〝過ぎ去った時で、有為の諸法がその作用を終った位〟。

現在：プラトュトパンナ pratyutpanna で、〝有為の諸法がその作用をなしつつある状態〟。

未来：アナーガタ anāgata で、〃いまだ到来していない時〃の意で、当来、未至《みし》とも。

6〔本文訳〕

仮に、もの（物）に縁《よ》り（プラティーティヤ pratītya）時があるとするなら、そのもの（物）を離れて、どうして時があろうか。しかるに如何なるもの（物）も無い。どうして時がありえようか（ない）。

〔注〕：もの（物）に縁《よ》り、時あり、時に縁《よ》りもの（物）がある。もの（物）は有（存在）であるので、「いはゆる有時《いうじ》は、時すでにこれ有《いう》なり、有はみな時なり」となろう。この道元の『正法眼蔵』「有時」の巻での表現で、「存在」と「時間」は相即、同伴と見てとれよう。それで、「存在」有である、もの（物）がない、は時がないこととなる。

要約を《有時相即、同伴ゆえ、有なし、有なし、時なし》とする。

だが、念のため補足する。〃有なし、時なし〃は、真のところ（真義、第一義諦、勝義諦）での表現であって（『中論』第24章8）、〃三時なし〃は、〃三世なし〃の〃サンスカーラ（生死流転）なし〃を意味し、解脱（モークシャ）を示す。解脱、脱俗の脚下を照す。だが、仮の有はあり、仮の時はある。それを仮名《けみょう》・仮設《けせつ》という（『中論』第24章18）。この仮にあるのが、俗の俗諦と表現され、依存相関で、因果とも、縁起とも、此縁性とも表現される世界である。この第19章では「依存（相関）アペクサ」が、三回にわたり1・2・3で使われ、「縁《よ》り（縁起）・プラティーティヤ」は僅か一回のみ6で使われた。

この二語についての注解がある。（泰本融「空ということ」講座仏教第1巻）。二語は同義であるとして、ただ語の原義と、その解明による区分、異語だという。

即ち、前者の「アペクサ」は依拠で、パラスパラは相互なので、相互依拠のパラスパラ・アペクサは「相依性《そうえしょう》」

としてあり、無明を因とする十二因縁で、識と名色との関係で使われた原始経典以来の語である。原義のパーリ語では、イダッパッチャヤター「これに縁ること」（三枝『縁起の思想』）である、という。それに反し、後者の「プラティーティヤ」は因縁で、サムパダは生起なので、因縁生起のプラティーティヤ・サムパダは「縁起」として簡略・成語した、とする。

後者の「縁起」とは「（Aに）縁《よ》って（Bが）起こること。よって生ずることの意で、すべての現象は無数の原因（因　hetu）や条件（縁　pratyaya）が相互に関係しあって成立しているものであり、独自存のものではなく、諸条件や原因がなくなれば、結果（果　phala）もおのずからなくなるということ。」（中村元『広説佛教語大辞典』）とされる。

そうすると「依存・アペクサ」と共に、「縁起・プラティーティヤ」は、この第19章だけでなく、龍樹の『中論』全体でのメイン・ワードであろうか。

〔注〕：なお、1因中有果と、2因中無果の表現では、伝統的に仏教以外のバラモン教での夫々の原理を主張したサーンキャ（数論）学派（紀元前四～三世紀）と、ヴァイシェーシカ（勝論《かつ》）学派（二世紀頃）に対応すると見ることもできよう。即ち、前者の1因中有果のサーンキャ学派は、根本物質（プラクリティ）の展開・顕現により世界を説明する原因の中に結果が予めあるとする《因中有果》である。また、後者の2因中無果のヴァイシェーシカ学派は、地・水・火・風・虚空や我の実体などを原因として、原因の離散・集合により、新たな結果物が生じると説明する《因中無果》である。「時間」概念をも、この原因・集合の一つとしてあげたので、この「時間」のみを、龍樹はここで批判したという注解が、清弁のものとしてあると先述したが、ここでのように考えると、そのように限定しなくてよい解釈が成立し得よう。

〔注〕：「過現未」は中国のものだが、インドでは「過未現」と伝統的に順ずる。

第四章　龍樹の「去者則不去」論とゼノンの「飛矢静止論」

――その類似と相違性の考察

1　はじめに　エレア学派

ゼノンのパラドックスについて考えてみようと思うのだが、その前にゼノンの師にあたるパルメニデスとゼノンの後に出たメリッソスについて触れておきたい。所謂、エレア学派と称される紀元前六世紀から紀元前五世紀にかけ南イタリアのギリシア植民市エレア Elea を中心に活躍した実質開祖のパルメニデスと当のゼノンとエレア学派の最後を飾るメリッソスについてである。

なお、パルメニデスは弟子のゼノンと共にアテネに行って、若きソクラテスに会ったと伝えられている。その内容はプラトンの対話篇『パルメニデス』（127–128）によると、パルメニデスは高齢で髪も白く、およそ六五歳くらい、ゼノンは四〇歳に近くパルメニデスの「寵愛を受けているという話だった」。「そして、ソクラテスは、その時ごく若かったのです」と記されている（プラトン全集4『パルメニデス』田中美知太郎訳、六頁）。

パルメニデスの思想の核心は「ある・有」（ト・エオン　to eon）の洞察にある。そのために「あらぬものはあらぬ」（Diels. Fr.6 主に廣川洋一訳による）として、「ある」ものは、どこまでもあるのであり、「あらぬ」ものは、どこまでもあらぬとすることが必然の道は……まったく知りえぬ道であり……」（Fr.2）思惟し得ない道である。「何故なら思惟することとあることは同じことであるから。」（Fr.3）とする。有《ある》と無《あらぬ》を厳格に区分し有《ある》を肯定し、無《あらぬ》を否定する。「それは全くあるか、全くあらぬか、どちらかでなければならぬ。」（Fr.8）。相対を絶する「ある」である。真なるものを探求しようとするなら、「ある・有」（ト・エオン）を基盤として、この「ある・有」の追求だけが真に近づく道だとする。「ない・無《あらぬ》」は「ある・有」の場所や性質を変えたり異なるものにしたりするのだから、迷妄の道で斥けられねばならない。その判定は「理《ことわり》（ロゴス）に従うこと」によってなされる。

ロゴスに従うことによって定義される「ある・有」は、次のようである。つまり「ある・有」（ト・エオン）とは、生成なく消滅なく、つまり、生滅なく、従って流転せず、その「ある・有」が連なっているので、動かず、変らず、消えることなく、そこから始めなく終りなき、あたかも球のようなワン・オンリー・グローブの如き「玉なす球の塊のように」（廣川洋一訳）、「まんろき球の塊の如く」（山本光雄訳）一者で全なるもの、のことである。

換言すると、不生・不滅の唯一・不動である全き一者が「ある・有」のであって、生れては消える生成・消滅ではなく、従って時間を超えた自己同一で、その同一性を侵す、異なるものはあり得ないので、分割もあり得ないし、そこから生れる多性もなく、その変化もないので、また場所的な運動もあり得ない。ということは、それらの始点もなく、終点もないので無始・無終で、従って完結した全き一者で、いってみれば球のようなワン・オンリー・グローブのようなものといい得よう。

この「真実在」（ト・エオン）の哲学は、「同一性の哲学」とされる（類似表現の〝同一哲学〟である、総てを神の様相としたスピノザや主客の根源的同一性を原理としたシェリングの同一説とは区分される）。

ここでのパルメニデスの「同一性」は、のちソクラテスを経てプラトンのイデア論に引き継がれ、そのイデアはイディン idein「見る」に由来する〈姿〉〈形〉のことで、見られ名づけられた「一者」のこと、つまり「同一性」のことなのである。

また、パルメニデスは、思惟において、体験と言語は不可分であるとした。こう伝えられている。

体験なく言語だけなら、何をも語れる、ただ可能性の地平をもつだけ。論理はさらに空転しさえもする。他方、言語なく体験だけなら、独自性に留まる。そのうえ他者伝達の可能性はない。従って、体験を言語にして、独自の偶然を検証し、他方言語を体験に照して、可能性の真実在性を吟味しようとする。ここに「対話」（ディアレクティケ）の誕生がある。少し後のソクラテスやプラトンの時代には、アテネのアゴラがその主な舞台であった。「対話」はまたディアローグで、ディア（二つ）とローグ（ロゴス・言葉）の合成語で、言葉を交《か》わすこと（問答）だが、それはディアレクティケ（Dialektik）つまり「弁証法」として、後に展開される様々な議論技術のもともとしてある。

この「対話」にロゴス・言語は不可欠であるが、その言語は厳密に同一であることを要した。対話の初めと中と、そして後程でその同一性を失うなら、対話は成立しない。そこでの変化は混乱をもたらすだけだからである。それで変化をもたらす時間を徹底して排除した。かくて、空間的で静的 static な言語・概念のみを対話成立の条件として認めた。

この「対話」（dialogue）による成果の意義は拡大されていって、得られたロゴスは学問一般にも転用されていく。例えば、バイオ bio－生物に、ロジー－logy 学が合成してバイオロジー生物学となったようにである。

エレア学派の開祖パルメニデスについて、「あらぬものはあらぬ」としてその対話の「ある・有」（ト・エオン）を、不生・不滅で唯一不動の全き一者であるとの洞察を確認してきた。そのパルメニデスの弟子がゼノンである。

ゼノンは同名で、後に「キプロスのゼノン」と称せられるストア学派の創始者がいるので、区分して「エレアのゼノン」といわれる。エレアのゼノンの後に、エレア学派の最後を飾るメリッソスがいる。次にメリッソスについて触れておきたい。

メリッソスはエレア学派の開祖パルメニデスが、概ね紀元前六世紀後葉に活躍したと推定できるので、紀元前五世紀中葉に生きたサモス島の人で、エレア学派最後を飾る人物である。エレアは南イタリアの都市であるが、サモス島は遠く離れたギリシア領である。紀元前四四一年アテナイ海軍を破った提督として知られ、また、アリストテレスによれば、メリッソスは「凡庸」とも表現されている（『自然学』185a）。

メリッソスの最大の注目点は、「空虚《ケノン》」概念を導入して、エレア学派の「あらぬもの」をより明確にしたことである。「あらぬもの」はあり得ないのだが、その「あらぬもの」は「空虚《ケノン》」であるとメリッソスはいうのである。「いかなる空虚も存在しない。空虚はあらぬものだからだ。あらぬものはありえないのだ。」（Fr.7）。かくて空虚であるそこへとものが「退《の》いていくところをもたない」（Fr.7）。それ故、動くところはなく、運動はあり得ないこととなる。運動否定の論拠を「あらぬもの」を「空虚《ケノン》」とすることで明らかにしたといえよう。

2 ゼノンの「飛矢静止論」

ゼノンは「ゼノンのパラドックス」として名を残し、後世のアリストテレスの『自然学』（239b10～）によると、そのうち最も有名なのが四つあげられている。

その一つ「飛ぶ矢のパラドックス」としてあげられたものを、ここでは「飛矢《ひし》静止論」と呼んで着目、検討してみたい（「飛ぶ矢」以外の三つは「アキレスと亀」「二分割」「競技場」である）。
〝飛ぶ矢は静止している〟という議論は、まことに常識に反し、馬鹿げたものに思われる。だが、真面目に論じていて、その趣旨はゼノンの師のパルメニデスが「あらぬものはあらぬ」として、その反面の「あるものがある」という真実在（ト・エオン）の説を援護するにあった。当時でも、その「飛止静止論」は、冷やかに見られたから援護を要したらしい。

「飛止《ひし》静止論」とは何かというと、〝どんなものも、それ自身と等しい場所を占める瞬間には、つねに静止している。かくて、矢の飛行時間はその間の瞬間から成り立っているので、飛んでいる矢はいつも静止している〟というものである。

一読して肯定に傾く。しかし再考してみる。〝等しい場所を占める瞬間〟は〝静止〟しているという。空間占拠の瞬間を静止状態という。それは一応肯定できる。だが、次に〝飛行〟している〝時間〟は〝瞬間から成り立っている〟といい、時間は瞬間の集合で飛行があるとする。つまり瞬間の集合が時間だとする。

しかし、そうだろうか。

ここでの瞬間は全く時間性をそぎ落としている。ここでの瞬間は時間の瞬間ではなく、空間そのものになってしまっている。

瞬間は、例えば一瞬の時として、一刹那とか瞬時として表わされもする。古代インドでは古く『マヌ法典』にも規定されている。

クサーナ（刹那）としては、一刹那は七五分の一秒（〇・〇一三秒）とインド、中国、日本等で仏教用語としても使用されている。このクサーナ（刹那）として瞬間概念を採用するなら、ゼノンの矢が静止する〝瞬間〟とは異なったものとなる。つまり、このクサーナ（刹那）の瞬間は、どれほど短くとも時間性をもつのに反して、ゼノンの矢が静止する〝瞬間〟は、空間そのものとされ、全く時間性をもたず、そぎ落している。例えてみれば、フィルム映画の一コマ一コマのようなものである。あるいは動きの瞬間を切りとり、撮影した写真のようなものである。写真や一コマは静止画であって、動きの時間を完全にシャットアウトし、そぎ落している。空間化した時間は本来の時間ではない。空間化した時間はそもそも単に考えられただけの、仮に考えられた時間にすぎない。現実にはあり得ない、観察され得ない、異形世界を形づくるだけで、人間思惟が奇形を生み出しているだけといえよう。

ちなみに、アリストテレスも、時間を瞬間（今）の集まりと見做した誤りを指摘して、時間はそうではないと述べる（『自然』239b）。正しい指摘である。

同様に、こういえよう。時間は瞬間の集まりではなく、つまり刻々の「非連続」の集まりでなく、かつ「時々なり」の一刻一刻の集まりだけでもない。そうではなく「連続」でもあり、「つらなり」でもあるところの連続する非連続で、「つらなりながら時々なり」（道元『正法眼蔵』有時の巻）の時間である。これが本来の時間である。喩えれば、「つらなり」の線であり「時々なり」の点であるとも、また、連続（シークエンス）であり、同時（シンクロナイズ）である。ともいえそうだ。

部派仏教のアビダルマ思想に、その時間を探ると、まず構造的な「カーラ kāla」という時間があり、それは二分され「刹那 kṣaṇa」と「相続（連続）saṃtana」になる。「刹那 kṣaṇa」は、語源 kṣan が「害する」の意で、存在を滅壊することを孕む。「否定因子」を当初においてもつ。そのクサーナを、接続し、延長するのがサムターナ「相続（連続）saṃtāna」である。そのサム sam が「刹那の聚合」である接続。tan が「to stretch の延長すること」でターナ。これを可能にするのが、「結びつけること」サンダハナ sandahana 即ち「意識」で、連結の直観である。

ここに連結作用があり、変化を知りうる（佐々木現順『仏教における時間論の研究』）。観察される存在は空間と共に時間の中にある。時間的存在なのである。これは、いうなればニュートンの事物を入れる容器の尺度「絶対時間」ではなく、事物がなければ時間もない「空っぽの宇宙に変化なし」のマッハ、アインシュタインの「相対時間」なのである（拙著『時と我』一〇頁。中でも第5章「道元の言葉『前後ありといへども、前後際断せり』と『即非の論理』」一一八頁）。

かくて、矢の静止する瞬間は観察されない、実在しない、考えられるだけの異形の瞬間で、あり得ない時間である。従って、このパラドックスと称されている「飛止静止論」は詭弁と結論づけられる。

ここで、「尽界における尽有は、つらなりながら時々なり」と時間を考察した道元の見解を再度、取り出し言及しておきたい。「つらなり」の連続は、そうでありつつ「時々なり」の瞬間にあるという。この連続と瞬間の非連続を二重構造として取り出し示す。その背後に、連続する「縁起」と「縁起」を縁起たらしめるところの「空śūnya」がある。『中論』（24‐18）からは、「仮名・仮設」と「空性」とそして、「中」である。つまるところ、一方の「つらなり」は縁起して、そうなのであり、法・現象において、そうなのであり、他方の「時々なり」は「空」において、無自性においてそうなのである。

また、波多野精一なら、連続を「文化的時間」と、非連続を「自然的時間」として、主著『時と永遠』の中で展開したものである、といってよい（拙著『時間と対話的原理――波多野精一とマルチン・ブーバー』）。

さらに、時代は異なるが、菩提達磨『無心論』にある「終日、見ているが、しかも別に見るということがないのである。」（終日見。由為無見。）の句にも注目しておきたい。すなわち「見ている」つまり「見る」動作・用言はあるが、「見るということ」つまり「見ること」の言葉・体言は「ない」と否定している。言葉・文字は立てない、

「不立文字」である。心というものが無い「無心」というために、「見る」がしかし「見ること」はないとして、述語の「見る」はあるが、主語、言葉、名詞・体言の「見ること」の心がないことをいったものである。「述語的論理」として西田哲学の術語となり、それは「即非の論理」(鈴木大拙)、「由為無《ゆいむ》の論理」(筆者)とされ、総じてイデアレスとされることである。そこから達磨は「無心」の「空」の世界を示し、それを覚了せよと教える。静止概念の体言・名詞はないが、作用する用言・動詞はあることを知るべきであろう。それは、静止 static する瞬間の矢はないが、動的 dynamic な時間として、飛ぶ矢はあることと相似であろう。

パラドックス(逆説、背理、逆理)とされ、一見して正しいと考えられもする「飛矢静止論」は詭弁 sophism であった。飛ぶ矢の論は、常識のドクサ(臆見)に反撃のパラ(反・逆)を加え、パラドックスとしてみたが、異形の世界をつくり出すものでしかなく、成立しなかった。そもそもにおいて、矢といえども時間の中にあって矢なのであり、写真の静止した矢は、矢の本体ではない。観察される矢ではない。空間だけにある矢は、矢の本体ではない。時空の両方の中で矢なのである。

ここで「飛矢静止論」に替えて、例えば、「老私《ろうし》静止論」なるものを考えてみよう。老いる私は静止している、との主張である。このとき、老いるつまり変るなら私ではない筈で、刻々に別人である筈で(例えば、幼児と老人の私は別である筈で)ある。ところが、「私」は変らない自己同一だから、私である。だが、「私」という自己同一を貫くなら変る、老いることないこととなる。これは「私」を静的 static な性格をもつ概念としたためで、空間において捉え、時間をそぎ落した結果なのである。従って、時間のない私はないので「老私静止論」は詭弁となるのである。ゼノンの「飛矢静止論」と同様である。正しくは、変化・流動と形・場所を占める時空に「私」でありながら、一瞬一瞬と変り続け、真正に老いることは避けられない。あるがままに見られた老いる私は止まらない。私は私の同一でありながら変り老いて「不一」である。「不一不異」として「八不」に表わされた「空」である。これを常なき「無常」といってきたのである。「三法印」の「諸行無常」の「無常」である。従って「無常」は矛盾をもつ「不一」なのである。また、これを得るのを「叡智」（プラジニャー　prajñā）といい、「般若の智恵」（鈴木大拙）といってきたのである。これを損なうのが「分別」（ヴィカルパ　vikalpa）という時間をそぎ落した空間だけの写真や一コマを本物としてしまうような錯誤なのである。本来ではないが、役には立つ。

3 龍樹の「去者則不去」論

内容的に既に及んでいるのだが、改めて、他方の「去者則不去」論の出所についても触れておきたい。「去者則不去」（Ⅱ-8）は、「行く者は行かず」とも「去者は去らず」とも訳され、羅什の漢訳からのもので、サンスクリットでは gantā na gacchati である。なお、平川彰訳「〈行く者〉は行かない」、中村元訳「〈去る主体〉は去らない」である。また R. Robinson の英訳は〝A goer does not go.〟である。

龍樹（ナーガールジュナ）は二～三世紀の南インド出身で、小乗から大乗仏教に転じ、大乗仏教の理論的基礎である般若経の「空」を説いて、中観派の祖とされる。中国、日本の仏教は、これを承け、八宗の祖といわれる。その主著が『中論』である（なお、八宗とは倶舎、成実《じょうじつ》、律、法相、三論、天台、華厳、真言の八つの教え）。

「行く者は行かず」（Ⅱ-8）は、『中論』第2章観去来《こらい》品（運動の考察）にある運動否定の議論のポイントである。

「行く者は行かず」（去者則不去）のその前に、否定のない「行く者は行く」の肯定文で考える。第2章11節にある。

「もし、行く者が行くというのなら、二つの作用（働き）となる。即ち、行く者というところの働きと、行く者である人が行く働きである。」

換言すると、もしも「行く者が行く」とするなら、〈行く働き〉と〈者である人の行く働き〉の二つの作用があることになる。

つまり、〈行く働き〉（Aとする）は「者」の主語に含まれていて、〈者である人の行く働き〉（Bとする）は述語として付加される。

Aは「者」の主語に含まれている〈行く働き〉であり、それにBの述語として〈者である人の行く働き〉が付加される。これは、二つの作用（働き）ということになる。

これをさらに過現未の時間で考える。「既に行ったところに行くことはない、未だ行かないところにも行くことはない。現に行きつつあるところにも行くことはない。」（Ⅱ－12）と過去、未来、現在に「どこに行くことあろうか」（Ⅱ－12）と否定される。

こうして「行く者は行く」は否定される。二つの作用が伴うのは誤りである。ということはその否定である「行く者は行かず」（去者則不去、Ⅱ-8）といい得ることになる。

「行く者」の主体は「行く」の作用がないのだから誤りとなり否定される。作用なくば、主体ない。作なくば体はない。「行く者」の「行く」というところの運動は否定される。

4 類似と相違性

そこで、先のゼノンの「飛矢静止論」と龍樹の「去者則不去」論を比較検討してみる。

まず、両者の類似性は容易に看て取れる。あえて、その類似性を並べると、「飛矢」は「去者」であり、「静止」は「不去」で、互いに置き換えても共に、運動する「者」主体が、運動・変化していないことを述べている。ただ、背景に「飛矢静止論」は「幾何学」があり、「去者則不去」論は「文法学」があるという指摘も肯けるのだが、その違いは目下の問題ではない。ここでは、双方の類似性が容易に看取できる確認である。

次に、相違性に注目してみる。その目的とするところが違う。

「飛矢静止論」が、「1」者の全一な不生不滅で不動・不変な「ある・有」（ト・エオン）の根源存在を論拠づける趣旨で、弟子のゼノンによる師パルメニデスの援護論であった。それに反し、「去者則不去」論は「0」の意味する「空」（śūnya）の無基底性を縁起から論拠づける趣旨で、はるか後世の弟子龍樹が敬礼《きょうらい》（リスペクト）したブッダ教説への理論なのである（『中論』帰敬序）。

つまり、前者は「1」者である「ある・有」の論拠づけを師の援護論として、後者は「0」である「空」の無基底性から縁起を説くブッダへの理論なのである。

再度、「飛矢静止論」と「去者則不去」論の相違性を確認しておくと、「飛矢静止論」が、その「静止」であることを「1」なる全一「ある・有」（ト・エオン）のために、援用したのに反し、「去者則不去」論が、その「不去」を「0」の意味する「空　śūnya」のために用いている違いである。つまり、一方が「存在」のために、他方が

「空」のために用いている違いである。存在を存在たらしめている「1」のためと、時間による変化そのままを受け入れる非存在の縁起で「0」によるところから用いている違いである。

そして、「1」の存在は、その性格のゆえに、現象・法を離れ、否定して異形の時空を超えるという考えられるだけの世界に赴くので、死すべき人間には無縁ともなり、従ってその人間には不用の現実乖離した理論となろう。不死を憧れた人の理論であろう。存在論（オントロギー）で、形而上学（メタ・フィジカ）としての理論であって、それはイデアレスと表現された、もはや持ち続け難い論拠であろう。

それに反し、現実・法をよく観察し、真っ当な死すべき人間のための縁起するところから有縁《うえん》となる、時間的存在は「般若の智恵」から「無常」と「空」を明かした仮名・仮設の現実把握となろう。矛盾の語を使って表わせば、「老私静止論」のように「私」の静的 static でありながら、老い変化する動的 dynamic な「私」でもあるところから〝万物矛盾の縁起〟といえよう。「私」の同一でありながら老い変化する。一であり不一である、不一不異である。縁起という縁りて起る現象・法そのままの観察（ダメクーシャ）は、同一性（同一律）でも、それに反する矛盾（矛盾律）でも、また両者以外を許さない排除（排中律）の所謂、アリストテレス以来の形式論理では律し得ない。同一、矛盾でなく、かつ排中では律し得ない、むしろそこでは「容中律」（山内得立）を認めなければならないであろう。形式論理は静的 static な処置であるに対して、縁起の空観は動的 dynamic な法・現象をとり入れた処置だからである。動的で時間的存在の流転をとり入れているからである。そこに「空」は不可欠で必需である。というより「空」ゆえに動的で時間的存在の流転を縁起で捉えられる。

類似性を主体の矢が飛ばずの「静止」と、者が行かずの「不去」で、共に運動否定で見た。それに反し、相違性を「存在」の「1」と「非存在」「空」の「0」に見た。結局、「飛矢静止論」と「去者則不去」論は「似て非なり」（似而非似）の、外形は似るが内実は異なる違うものとなる。

その内実で、「1」存在は、「0」空に基礎づけられ、「1」は「0」によって成立する。ゼロが「1」に先立つように、空観は存在論に先立つ。「0」あってはじめて「1」があり、「0」なくば「1」もない。メタ・メタフィジカ（メタ形而上学）であり、プレ・オントロギー（プレ存在論）といってよいであろう。

5　ゼノンの「アキレスと亀」

先に、ゼノンのパラドックスで、「飛矢静止論」について考えてみたが、結論は詭弁であった。ゼノンのパラドックスは他にもあり、むしろ「飛矢静止論」以上にひろく知られるものに「アキレスと亀」というのがある。「アキレスと亀」のパラドックスとは、足の速いアキレスは亀に追いつけないというのである。次のように表現される。ギリシア神話に出る「アキレス腱」の弱みで名を残す英雄のアキレスは足が速い。そこで、足の遅い亀と競争をしたとする。足の遅い亀が少し先を走る。追って俊足のアキレスがその後を走る。そこで仮に亀が走った二分の一を追ってアキレスが走る、そしてアキレスがそこに辿り着いたとき、さらに亀は先を走る、そしてアキレスがその二分の一を走る。そのように半分、半分と繰り返し、どこまでいっても、アキレスは亀に追いつかない。無限に繰り返しても、有限の時間では追いつかない。このように足の速い筈のアキレスが亀に追いつき、追いこせない、というもので、実際に追い越してしまうのとは違ったものになってしまう。この背理、パラドックスを表現する。その意図はエレア学派の開祖パルメニデスの唯一・不動で全き一者の「ある・有」（ト・エオン）の不動という〝運動のない〟ことを、実際に考えられることとして例示したのである。

そこで反論として、次のものが考えられよう。

(1)　分割を無限に繰り返して……とするが、無限の回数は、この有限の競争時間では収まらず、あり得ない。あるいは無意味。

(2)　現実の経験の予想で、当然アキレスは亀を追い越すと前提して語り、どこまで繰り返しても論に欠陥はない。しかし、無限小に収束するのみで、無限に等位置に近づくことを語るだけにすぎない。

(3)　数学上では、無限級数の有限和に思いつかなかった無知のことで誤謬とする。微分したものを積分して同一地点のゼロに至って追いつき、次のスタート即ちアキレスの追いこし先ゆく状態を現実では示すはず。

(4)　経験的な視覚的現実の事柄にもかかわらず、それを論理のみ only logic で解明できるとした錯誤、妄想にすぎない。先のパルメニデスの〝体験と言語〟での洞察で、言語の体験からの乖離・上滑りをさらに論理で空転させている。こうもいえよう。

(5)　趣旨は、パルメニデスの「1」なる一者の主張から、多で分割不可なので、その不可能を援護したのであって、従って、アキレスが亀を追い越せないことを論証しようとしたのではなく、存在が球なるワン・オンリー・グローブなることの主張を援護・証明しようとしたのである。それを刺激的に表現し考えさせようとした。従って援護のための援護となった。

ここで、パラドックスについて留意しておきたいことに触れておく。ゼノンのパラドックス（逆説）として、否定的にここでは使いそれは詭弁で、誤魔化しとした。ただ注意したいのは、パラドックス（逆説）は、レトリックとして肯定的にも使われることである。例えば、「無用の用」（荘子）、「毒を以って毒を制す」、「無知の知」、「ゆっくりと急げ」（Make haste slowly）などとしてである。

今一つ。古代ギリシアの哲学史で、パルメニデスの「1」なる一者が、やがてソクラテスの〝善《よ》く生きる〟徳《アレテー》の何たるかを知として求める探求となり、それが弟子のプラトンのイデアを追求することとして継承されていくことは否定できない。つまり、エレア学派のパルメニデスの思想は、若きソクラテスの徳論そしてプラトンのイデア論へと継承されたのである。

6　ヘラクレイトス矛盾の二回路

パルメニデスと関わって、ヘラクレイトスについて触れておきたい。年代順では「暗い人」と呼ばれたヘラクレイトスが、エレア学派の開祖パルメニデスより少し前と推定される。諸説ある中、ヘラクレイトスの生年が紀元前五三五年頃からとされたり、前五四〇年頃とされるのに対して、パルメニデスは紀元前五一五年頃からとされたり、またプラトン（『パルメニデス』）によれば同じく前五一五年頃とされる。あるいは、ディオゲネス・ラエルティオスの『ギリシア哲学者列伝』によれば、第六九回オリンピック（紀元前五〇四～五〇一年頃）に、二人共「男盛り」と記述されていて、ほぼ同時代人と推定されもするが、その他の文献研究結果も尊重すべきであろうことから、結論はヘラクレイトスがパルメニデスより先に生れ、二〇歳程年長であった、とすべきだろう。それを否定する積極的論拠が見つからないからである。

次に、思想内容で注目しておきたいのは、哲学史家のフォールレンデルが、この時代に二つの陣営に形而上学的な根本対立を見ていることである。すなわち、ヘラクレイトスの生成（Werden）とパルメニデスの存在（Sein）との対立した二陣営の根本的な見方である。そこから「永遠の流動の中にある転化」である生成（Werden）と変化することなき「1」にして不変の存在（Sein）の思想をフォールレンデルは綴るのである。またそこでパルメニデスは「彼は既にヘラクレイトスを攻撃している」（シャトレ『哲学史Ⅰ』四五頁）と、両者の敵対関係に及んでいる。ただ、ここでも注意しておきたいのは、ヘラクレイトが生成Werdenつまり「パンタ・レイ」（万物流転す）と万物の根源のありようを示しながら、一方にこうも言っていることである。すなわち「私にではなく（かの）理《ロゴス》そのものに耳を傾けるなら、万物が一なることを認めるのが（理にかなった）賢いありかたというものである。」（Fr.50、廣川洋一『ソクラテス以前の哲学者』二三八頁）との言明である。「万物即一のロゴスと一致することが智である」という。つまり一方は、万物が「流転」Werdenを示しながら、他方は、万物が「一なる」存在のロゴスlogosを示していることである。両者は、生成する万物の流転であるパンタ・レイ（万物流転す）とするのに対立して、万物即一のロゴスと万物は一者であるとしていることは、根本的に矛盾していることを述べているといえよう。ヘラクレイトスはこの矛盾を包懐していた。それで「万物から一が、一から万物が生ずる」（Fr.10）ともいっている。

　ということは、パルメニデスの一者（Sein）の根本思想は既にヘラクレイトスの「万物即一のロゴス」にあったのであって、それが継承された、と考え得るのである。それを否定する証拠は今のところ見当らない。

　このことは「ヘラクレイトス矛盾の二回路」として先に提案したことと符合することであろう（拙著『時と我』）。先に提案した「ヘラクレイトス矛盾の二回路」すなわち「万物即一のロゴス」と「万物流転す」（パンタ・レイ）は、さらに付言すると、前者は、「即一」のロゴス（言葉・理性）として、プラトンのidea論、そしてアリストテレスのeidos（形相）として、hyle（質料）を具えousia（実体）へと若干の変容を孕みながら展開していったのに反し、後者は「流転」の刻々と刹那に変化する現象そのままに、本性的に有無の性質を定め得ず、それら一切を空

śūnyaとして受けとめ否定する。この否定によって、変化する現象の縁りて起る此縁性、相依相待性が捉えられ、因縁生起 pratītya-samutpāda の縁起が見てとれるのである。そこで、名づけられる現象は、従って刹那に変化するので、仮のものにしかすぎない。仮名・仮設されるのである。実体・実在ではない。先の（プレ）存在（オン）論（ロゴス）を意味する、プレ・オントロギーである。

7　まとめ　寂護の「離一多性」

今までのことを整理し確認しておこう。

「ヘラクレイトス矛盾の二回路」は、「万物即一のロゴス」と「万物流転す」（パンタ・レイ）であった。前者の「万物即一のロゴス」は、ヘラクレイトスから、パルメニデスの「ある・有」（ト・エオン）のもとゼノンのパラドックス、メリッソスのケノン（空虚）のエレア学派から、ソクラテス、プラトン、アリストテレスへと、そしてヨーロッパで理性を尊重する合理論の基幹を形成していった。それに反し、後者の「流転す」は、ヨーロッパ合理論の下では、現象の否定的位置におかれる。ギリシアのプラトンのイデア界と現象界の二分世界論はその典型である。イデアのもと移ろいゆく影で現象とされるのである。

しかし、インドでは、ブラフマン（梵）とアートマン（我）の一如を受け入れなかったブッダによって、縁起する現象として、「空」から観られる説へと転換される。それを後世、龍樹（ナーガールージュナ）が『中論』で理論づけした。

つまるところ〝空と縁起の道〟と〝有《う》とロゴスの道〟の二回路である。後者は「万物即一のロゴス」から、前者は「万物流転す」（パンタ・レイ）の問題解明から、先にヘラクレイトスが矛盾として孕んでいた思想の二路の継承といえよう（なお、念のため、空は無でなく、また有でもない。有無の「二項対立の共否定」である）。「離一多性」と八世紀、後期中観派の寂護（シャーンタラクシタ）の言葉で端的に示すことができそうだ。その「一」の「万物即一のロゴス」と、その「多」の「万物流転す」（パンタ・レイ）の二つから「離」れる「性」質のことである。「一」と「多」の「二項対立の共否定」するところの「空」である。

このことは、次のように表現することも許されてよいであろう。

総てのものは構成要素の集合 total でなく、かつまた、統一体の名づけ whole でもないところの、離一多性で無自性である。しかもそれあるは、残余の心、アーラヤ識が造るところの仮名・仮設としてである。

第Ⅲ編　坐禅：流れの一瞬としての禅那（ディアーナ）

——達磨の坐禅（四行止観）

達磨の無心と安心

◆はじめに

日本列島の太平洋側は、急に沈み込んでいて、その深さは富士山二個分にも及ぶという、日本海溝である。この環太平洋地域は、帯状に火山が集中していて、地殻変動が激しい。

さらに、地球規模では近年の地球温暖化での異常気象による巨大災害（メガ・ディスアスター）も深刻である。

ここでは、どうしても潜り抜けて生き継ぐために、「ダルマ型」とでもいいたい不退転のしなやかな、アジア型「心構え」（Haltung）を取り出すために必要と考える基礎的思惟を「達磨の思想」に求めてみたい、と思う。

◆達磨の無心哲学

禅宗の初祖・達（摩）磨大師の思想を探るには、「菩提達摩製」などと擬えられた後継者の記した「言行録」に当るしかない。その「言行録」で、信頼のおける敦煌文書が二〇世紀初めに発見され、鈴木大拙が紹介して注目されるようになった。その重要な二書が『二入四行論《ににゅうしぎょうろん》』と『無心論』である。『二入四行論』を後とし、先に『無心論』を探っていく（達摩が達磨へは『景徳伝灯録』から）。

『無心論』に入り、まずはポイントを示す。

「無心」とは、妄想（ヴィカルパ　vikalpa　分別）のないこと。妄想する心の無いことを意味する。暗がりで、恐怖心・「臆病」から、縄を蛇と妄想することがあるが、その怖《おじ》ける心の無いことである。この妄想を捨てて、真のまことの心「真心《しんしん》」を得ることが「無心」である（ここで「臆病」とは、元寇の蒙古襲来時、北条時宗が、自己の弱点を克服する課題として、仏光禅師（無学祖元）に問うたことだった。鈴木大拙『禅と日本文化』第3章）。

また、それは蛇に代えて、逆の意味で万人満足のあり得ないユートピア夢想も、また同様といい得るであろう。怖ける被害妄想も、無謀な誇大妄想もない。

同様に「人神 Menschgott」でなく、また「神人 Gottmensch」でもない。すなわちドストエフスキーのイヴン・カラマーゾフ（またキリーロフ）でなく、また長老ゾシマ（いわばアリョーシャ）でもない（拙著『時間と対話的原理』Ⅲ、一七七頁）。

自然に限れば、自然支配・破壊でなく、また自然忍従でもない、こういえよう。

さらに「無心」とは、「莫《まく》妄想」のことといってよく、「妄想すること莫《なか》れ」を意味する。この「膜妄想」の由来は、この句を連発して修行者の問いに答えたという唐代の禅師である汾洲無業《ふんしゅうむごう》で定着した、という（『碧巌録』19・62則。『正法眼蔵』仏性）。

『無心論』のテキストは、大英博物館所収のスタイン五六一九号で、『無心論一巻　釈菩提達摩製』と題されたもの。鈴木大拙が原漢文をはじめて和訳、研究して『禅思想史研究第二』を一九五一年に出版した。主にこれによる。また柳田聖山『禅語録』（世界の名著18）一九七八年も併用した。なお、この前に西谷啓治と共著の『禅家語録』一九七二年がある。

なお、目下のところ『無心論』原本は、これのみで、第一発見者の矢吹慶輝が、写本本『鳴沙余韻《めいしゃよいん》』を一九三〇年に出版し、のち『大正新修大蔵経』古逸部におさめた（第85巻2831。誤写多く読みにくい、と鈴木大拙）。

また、宗門では伝統的に『少室六門集』収録の『血脈論《けちみゃくろん》』『悟性論《ごしょうろん》』『観心論《かんじんろん》（破相論）』の「達磨三論」と呼ばれる、（菩提）達磨大師に仮託された語録の研究がなされるが、いずれも後代の作品とされる（柳田聖山『ダルマ』Ⅰ－2、Ⅱ－2）。

『無心論』の構成は、六部で、「小見出し」は柳田聖山に従い、鈴木大拙の和訳・原文を中心に考察した。究極の道理（至理《しり》）を求めて、師弟の十問十答が展開する（①～⑩で示す）。

(1)　まえがき　究極の道理・真理は言葉をこえる。「それ至理《しり》は言《げん》なし」（夫至理無言）。不立文字（一字不説の『楞伽経《りょうがきょう》』から）である。だが、今は仮に言葉を使って道理・真理を表現せざるを得ない。「言を仮《か》りてしかして理を顕わさんことを要する。」「大道無相」（空）だから俗（麁《そ》）に近づくために、言葉の形にする（依言・離言の因言遺言の『大乗起信論』）。

(2)　見聞《けんもん》覚知　眼目で難関。弟子が師に問う。①心はある（有心）か、心はない（無心）か（通常、心は目に見えないが有るというので、本当かと問う）。答えて「無心」と。では、②誰がそう判断するか、と。答えて「無心」が還《かえ》りて「無心」と判断する、「還《かえ》りてこの還心《かんしん》能《よ》く無心を知る」と（鏡の如く自覚・自証する。一が一を見る）。

ならばと問う。③「無心」なら、（心ないのだから）見聞覚知できぬのでないか。否と。師、答えて「無心」なれども、見聞覚知できる、と。弟子、食らい付いて、④そうなら、心ある筈で「有心」でないか、と問う。どうして「無心」というか、と。師、答えて「ただこの見聞覚知がすなわちこれ無心である。」と応ずる。それで例示する。「終日、見ているが、しかも別に見るということがないのである。」よく考えよ、と。一日中、「見ている」が、別に「見るということがない」と、今、いった。再び、見ているが、見るということはない。この「こと」がポイント。

この「こと」は、「見るということ」と名づけられた「体」で、名詞で体言である。それに反し、「見ている」は、「用」で、述語で用言である。そうすると、用言の用である「見ている」働き・作用はあるが、体言の体である「見ること」はない。働き・作用はあるが、その実体はない。これが本来である。

述語（「である存在」）あって主語ありで、主語（「がある存在」）あって述語ありではない。所謂「述語的論理」とされる初期・西田哲学の論理・存在構造といえる。「超越的述語面の無の場所（トポス）がすべてを包摂する」ともされる西田哲学・初期の要約である（田中久文）。

ここで、逆の「主語的論理」は、アリストテレスのウーシア（実体）の個物で、その転倒を迫る。ウーシアを構成する（ヒュレとエイドスで）エイドスはプラトンのイデア継承で、そのイデアにおいて、転倒されるべきものだった。イデアレス、と。

ニーチェも最高価値の転倒を迫って、伝統的なプラトン主義にノンをつきつける。これは、「逆転したプラトニズム」Umgedrehter Platonismus と称される（信太正三『永遠回帰と遊戯の哲学』。拙著『ニーチェのニヒリズムと超人』）。

デカルトのコギトも、イデア論の継承で、〝われ思うイデア〟と解するなら、コギタティオが実体化されて私の存在（スム）を導く、コギト・エルゴ・スムの第一命題も、実体の確定であろう。そうなら、転倒せざるを得ない（拙著『時と我』）。

「見聞覚知」とは、視覚、聴覚と「覚」の嗅覚、味覚、触覚の「三識」と「意識」の六識のことだが、代表の視覚で考える。「終日、見ているが、しかも別に見るということがないのである。」（見終日《ヂォンリージェン》。由為無見《ヨウウェイウゥジェン》）。一日中、見ているが、見ることはない。用あるも、体ないと師答える。聞くもまた見るに同じ。それで「見聞覚知とは言うが、惣て（すべて）これ無心というものである。」

（ここでの由為無は、「即非の論理」（金剛般若経、鈴木大拙）に倣えば「由為無《ユイム》の論理」といえそうだ。由《よ》り為《な》すところ無《な》しで、〝no cause for〟で、由来なき、根拠なき causeless の「無心の哲学」と。）

では、⑤どうして無心とわかるか、と弟子問う。師答える、心にはどのような相貌（そうみょう・顔）があるのか（「心作何相皃」皃は貌の皃と解す）。見つかるか。心に顔があるなら出してみよ、と（のち、二祖・慧可《えか》の「安心《あんじん》問答」・『祖堂集』2、と同一事態であろう）。

心は得るべきもの（相）か。それ有るか、無いか。有るでなく、無いでなく、内に・外に・中間（その辺に）にないではないか（不可得）。「また、一切処に求覚《もと》めるにしても、また不可得である。」

これは、一として有るでなく、異として無いでなく、内に性質としても得られず、外に超越した実在としても得られず、中間に・その辺にも得られない。つまり不一・不異と内在、超越、事象の五つに求めても得られぬという「五求門破《ごぐもんは》」のことであろう。「五求門破」は、龍樹『中論』の第10章観燃可燃品にあり、のち月称（チャンドラキールティ）は、不一・不異、不拠（内在）、不依（超越）、不所有としたことである。端的に、イデアレスといえる（拙著『時と我——道元とデカルトの哲学』一五頁）。

(3)　罪と徳（この柳田訳に対し、鈴木訳原文ママは「罪と福」とする）

弟子は問う。⑥心がないなら、どうして六道《ろくどう》輪廻して（地獄、餓鬼、畜生、修羅、人間、天上を迷って）生死《しょうじ》を繰り返すのか。ウパニシャッド哲学以来の流転《るてん》思想は、どうなるか、と。業《ごう》・カルマの三つ、身口意《しんくい》に発する善因善果、悪因悪果の因果応報は、どうなるか、と（なお、このサンサーラからモークシャ・解脱《げだつ》へ至って、ニルバーナ・涅槃とされる）。師、答えて「無心の中に、妄《みだ》りに有心と執じて種々の業を造る」（於無心中妄執有心。造種々業）と。

だが、坐（座）禅して、心なきを知れば（覚悟無心）、生死流転を断つことができる。では、と弟子、問う。⑦煩悩の迷い、菩提の悟り、それに生死涅槃は無心か、と。答えて、心ない、無心だ、と。妄りに有心と執じるから、迷悟、生死寂滅する。無心に目覚めるなら、迷悟など、一切ない。それで、有心者のため方便で、生死は涅槃に対し、煩悩は菩提に対しての「対治《たいじ》の法」である、という。ならばと弟子、問う。⑧過去の諸仏が悟ったというのは、それでよいか、と。答えて、文字の上で、そういう。世俗の世諦上の仮名《けみょう》・仮設《けせつ》で、そういう。空の真諦上ではない。それで、『金剛般若経』では、諸仏如来は、不可得を得ただけ、という。それで、有心とすれば（世諦上で）一切有で、無心とすれば（真諦上で）一切無である。

(4)　無心は木石のこととちがう　一般に「心木石《しんぼくせき》の如し」として、心は木や石のように固く動かぬこととされる。ここでは逆の表現。弟子問う。⑨無心というなら木や石と同じでないか、と。師、答える。無心は木石と違い、種々の活動をする。このダイナミズムは、思うに名を記さない作品や、名のる程でもないと跡を残さない親切心など、大いなる働きとしてありそうに思われる。無心は真心のこと、真心は無心のこと。では、⑩どう修行すべきか、と弟子、問う。師答えて、何のことはない。どんな事態でも無心と覚了する（めざめおえる）こと、と。これ修行。

(5)　悟り　弟子悟る（忽然《こつぜん》大悟）。心が不可得なら、法（事象）も不可得。相貌（顔）なき心の外に事象なし。還りて事象のほかに、心なし。「心外《しんがい》に物《もつ》なく、物外に心なき」（心外無物。物外無心）、このことを、知る。

(6)　太上　太上《たいじょう》とは最上の人格（『老子』17）、太上老君《ろうくん》で、如来（仏）を、その最上の完成形として習合させる。

◆達磨の行為理論

『二入四行論』に、禅思想の核心はある、と鈴木大拙はいう。『二入四行論』には「禅思想の大意は悉《ことごと》く其中に含まれて居る。」（鈴木大拙選集、第2巻、一六頁）と。

禅宗の初祖である達磨大師は『二入四行論』で説いている。

仏教の道である仏道に入ろうとするなら、要は二つの道がある。一つは理屈である理論から入る「理入」と、もう一つは行ないである行為・実践から入る「行入《ぎょうにゅう》」とである。

まず「理入」というのは、理屈である理論から入るのだから、教えである教説がある。それは誰の教え・教説であるかというと、大本《おおもと》（本源）である仏教の初祖・ブッダの教え・教説である。この教え・教説を「経《きょう》」という。「経」は経《たていと》（縦糸）を意味し、各時代である緯《よこいと》（横糸）を貫く。通常「お経」と丁寧にいい、また経典とも称せられる。この「経」をさらに解説・検討したものを「論」という。これら「経」と「論」の二つを合わせて「経論」といい、ブッダの教え・教説を学ぶテキスト・教科書である。例えば「経」には、法句《ほっく》経、般若心経、金剛般若経、維摩経、華厳経、楞伽経などがあり、「論」には、倶舎論、中論、大乗起信論、無心論などがある。『二入四行論』も『無心論』も「論」で、ブッダの教え「経」の解説・検討したものである。

理入で、教えの深いところを「玄理」といい、教え・教説により学ぶ。これを「藉教悟宗《しゃくきょうごしゅう》」（教えに藉《よ》って宗《しゅう》を悟る）という。教説を藉《か》りてその宗《むね》を自覚する、悟ろうとする。自分の生活を振り返り、習慣として身につくように体得に努める。そうすると深く信じられ、なるほどと頷けるようになる。「同一真理」を信じられるようになる。

しかしながら、そうしても悟り（自覚）を実のところ障《さまた》げ、心を汚《けが》す（垢《けが》す）ように付いてくるものがある。塵のような妄想で、それに覆われて、なかなか悟りを明瞭にし実感できない。「客塵《きゃくじん》妄想」に覆われ顕了できない。そこで、塵のような妄想を払い・捨てて、壁のように確《しか》とした寂静不動の壁観に徹底する。静座して壁に向かう、つまり面壁する。「壁観凝住《へきがんぎょうじゅう》」する。

すると、自《みず》らのものはなく、また他《た》なるものもないことに気づいていく。自《じ》無く、他無い境地に達する。そこでは凡夫なく、聖《ひじり》もない、衆生なく、聖人もない。等しく一であるところの等一にある、「凡聖等一《ぼんせいとういつ》」であるところに到達する。

この体験を堅く守り、また諸々の情報に振り回され、迷わされないようにしていく。そうすると、教えの深いところの真性（玄理）と一致（冥符）するようになる。「理冥符《りめいふ》」する。

ものを対象 Gegenstant としなくなり、引き離して absetzen して見なくなる。空間 Raum を差し込ませない、ブイ（カルパ）の二分せずで、無分別になる。直覚的に把握する。

仏道に入る今一つの道は、行為である実践から入る「行入《ぎょうにゅう》」である。その「四行《しぎょう》」とは、報怨《ほうおん》（冤）行、随縁行、無所求行《むしょぐぎょう》、称法行《しょうほうぎょう》の四つの行ないで、これ以外の行ないはこの「四行」に入る、という。

まず「四行」の夫々の要旨と【ポイント】をあげれば、次のようになる。

(1)「報怨（冤）行」とは、こうである。苦しみを受けるのは、かつて恨《うら》み（怨み・冤み）を人に抱かせた、その反動、反撥、報《むく》いによるのである。であるから、そのことを納得、得心すること、おおらかに甘心《かんしん》をもち、これを忍び、忍受しなさい。恨むことなく、そして憂うることなく、ただ仏の道に進みなさい、という。【ポイント】は恨みの報いに、報いで返さず、甘心忍受すべし、である。

(2)「随縁行」とは、こうである。衆生は業に縁《よ》り転ぜられるので、皆、縁に従（随）って生じる。転生する、因縁生起の縁生《えんしょう》すること。従って、勝利の報いや栄誉などの得たることや、反対に損の損失であること、これらの得失は縁に従（随）う。そうなのだから、そこから生じる喜びや憂うることをなくして、喜憂なく（心に増減なく）して、ただ仏の道に順《したが》いなさい、という。【ポイント】は皆、縁に従（随）って生ずる。一切は縁生する、である。

(3)「無所求行」とは、こうである。むさぼること、貪著《どんじゃく》・執着すること、これらを求むるという。すべてのもの、万物は空にしてあるので、願いや好むこととしてはならない。願楽《がんぎょう》をいだかずである。欲の世界「欲界」、物や相であるものの世界「色界」、心の世界「無色界」、三つの世界はあたかも、煩悩の燃え盛る家、炎上中の家のようである。三界《さんがい》火宅《かたく》の如しである。それで、求むることが有る（多い）のは苦しい。求むることが無い（少い）のは楽しい、ということになる。【ポイント】は求むること無き（少き）は、皆、楽なり、である。

(4)「称法行」とは、こうである。心やもの・こと一切は本来、垢《けが》れなく清らかで、清浄である。自性清浄《じしょうしょうじょう》である。このことわり・理のことを法・ダルマ dharma という。

法・ダルマの意味することは、よく自己の性質をもち、自ら模範となって、人をして物の理解を生ぜしめる、こと。即ち「能持自性《のうじじしょう》、軌生物解《きしょうもつげ》」と定義される。〈保つもの〉を原義として、①自性の性質、②道理の理法・真理の理を意味する。ここでは、②道理・真理の理を意味する。そこから①をも含意して、それで一語となる。

この法・ダルマのあらわれである相（①自性）が、衆生である。衆生は理の法・ダルマの事象すなわち、あらわれ・相で、姿・形である。そこで、衆生を空ずることが、姿・形を空ずることで、道理・真理の理②である。①自性を空ずる無自性②である。このことわり・理の確信と了解すなわち信解《しんげ》で、相は空とわかる。かく信解するところの智者は法に称《かな》うて行なうことになる。それで「称法行」という。

法・だるまの本体には、むさぼる、欲張るなどの餓鬼のもつ慳貪《けんどん》はない。満たされることない渇き、飽くなきgreedyな強欲はない。身体、生命や財産すなわち身命・財を擲《なげう》って、施し、布施して、心に物惜しみする餓鬼のもつ慳惜《けんせき》はない。

一切は「空」にして、差別ない姿や相のない「無相」にして、願い求めない願求《がんぐ》なき「無願」にしてある。これら「空」「無相」「無願」の三つの門である三解脱門は、三空である。衆生と称しているのは、垢《けがれ》を去るためで、これを自行といい、ほかに他を助け利するところの他行がある。

ここに、よく覚《さとり》である菩提（悟り）の道がある。具現化する荘厳《しょうごん》・ブューハする。これは布施で、六波羅蜜（布施、持戒、忍辱《にんにく》、精進、禅定、知恵の六つの実践、修行・パーラミータ pāramitā で到彼岸《とうひがん》の行ないである）。しかも、そこではその行ないの跡が見られない。【ポイント】は自性清浄、離垢《りく》清浄を信解するなら、応《まさ》に法に称《かな》う。法体《ほったい》に慳貪なし。三空（空、無相、無願）の自行、他行である。ここに菩提（悟り）の道が、行なわれる。施しを例示するも六波羅蜜で、行に跡なし。

◆敦煌文書の再構成

菩提達（摩）磨は禅宗の初祖であるが、初めから初祖なのではない。六祖慧能《えのう》の頃から、中国禅が「宗門」として固まった唐代七〜八世紀からのことである。その慧能の孫弟子である馬祖道一《ばそどういつ》に至って中国禅は「思想」として確立したとされ、その禅思想は端的に〝各自の心が即ち仏である〟という「即心是仏《そくしんぜぶつ》」の「一心」である。

その「即心是仏」の「一心」は、達磨を初祖と位置づけた源流によるのだから、馬祖を問うことのエッセンスに達磨がある、といってもよいであろう。即ち、馬祖は、後に「即心是仏」を「非心非仏」と表わし、「無心」といい得る境地を示す（『景徳伝灯録』巻7）。

そこで、新たに初祖・達磨の思想を、宗門の枠を解き放って、二〇世紀始めに発見された敦煌文書から再考してみたいと思う。

つまり、従来からの伝統であった『景徳伝灯録』『略弁大乗入道四行』『祖堂集』『少室六門集』などの文献（潤色多く、一部偽作ともされる）から離れ、二〇世紀初頭に発見された敦煌文書の『二入四行論長巻子《ちょうかんす》』（スタイン二七一五号）と『無心論』（スタイン五六一九号）の現在、最も信頼できる二つの「言行録」から、達磨の思想の再構成を試みたいのである。

『二入四行論』は、達磨・弟子の曇林《どんりん》が編集した『略弁大乗入道四行』としてよく知られるが、一方『無心論』は、今日の辞典などでさえ、項目としてあげられることが殆どない。例えば、広辞苑、岩波仏教辞典第二版、禅の思想辞典、新・仏教辞典第3版、広説・仏教語大辞典のいずれにもない。ただ、禅の思想辞典の「無心是仏」の項（小川隆）で、〝関連の議論がある〟との言及があるくらいである。

従って、『二入四行論』と『無心論』の関連は必ずしも明らかでない。せいぜい『無心論』は、「『二入四行論』の趣旨にもとづいて作られ……」（柳田『禅語録』六五頁）との解説くらいである。

そこで端的に、『二入四行論』の前段である「理入」に、『無心論』を位置づけると、達磨の思想が全体として整うのでないか、という試み、提案である。先の六世紀頃に成立した『二入四行論』前段「理入」に、後の九世紀に書かれたとされる『無心論』を補足して考察・纏めようとする、のである。

その「理入」の要約は先に述べたように、理論からで、「経論」を学び、「玄理」を体得しようとする。すると、生に「同一真性」を深く信じられ「藉教《しゃくきょう》悟宗《ごしゅう》」なれど、「客塵《きゃくじん》妄想」に覆れて、真に得心できていない、とわかる。そこで、「壁観凝住」すれば、自なく他なくの「凡聖等一」となる。「理冥符《りめいふ》」に至る。「経論」の学びと

「壁観」の坐禅である。

この理論から入る「理入」に、必要とされるのが、「経論」の学びだが、その具体的な内容が殆どない。あるのは「教に藉《よ》って宗を悟り」（藉教悟宗）というだけである。纏まりのある記述に決定的な欠如がある。「教」とは「経典」の総てか一部か、また「論」を含むか否か明らかでない（私見は〝含む〟と解す）。納得できる記述としては漠とした欠如感が残る。その欠如が『無心論』で充足されると理解できる、のでないか。

その理由は二つあり、一つは言語の形式面からであり、その二つは意義の内容面からである。この二つは結局、同根性と考えられるが、ここでは前者の言語・形式面から考えていく。

『無心論』で肝要なのは「見聞覚知《けんもんかくち》」（柳田聖山・解）としてあり、それは丁度、『楞伽経《りょうがきょう》』の要旨「自覚聖知《じかくしょうち》」（鈴木大拙・注解）の「覚」と「知」として重なる。

ここでの『楞伽経』とは、禅宗の特色「教外別伝《きょうげべつでん》」「不立文字《ふりゅうもんじ》」の典拠とされ、「一字不説《いちじふせつ》」の句が多出して、ブッダの生涯で一字も説かずということ、究極の真は説けずで、説いたのは方便（手段、喩え）なのだという経典である（楞伽は、スリランカーで、ブッダが説いたという地名からの名。正しくは『入楞伽経』である）。その『楞伽経』を達磨が伝持《でんじ》し、二祖慧可へ伝えたという（『続高僧伝』巻16）。また後には、『楞伽経』に替えて、『金剛般若経』を六祖慧能の時から尊重したという（『六祖壇経』二－五に見える）。

ただ一般に、禅宗は所依《しょえ》（教えの根拠）の経典はないとされる。所依の経典とは、例えば『華厳経』により華厳宗があることで、その中心の経典が禅宗にはないとされる。伝持された経典が『楞伽経』であるにせよ、その内容は「不立文字《ふりゅうもんじ》」で、「教外別伝《きょうげべつでん》」である。それを、積極的な意義として捉えるには、根拠としては、なお薄弱といわざるを得ない。

「見聞覚知」の意味は、先に『無心論』で触れた。『楞伽経』の「自覚聖知」とは何か。「自覚聖知」とは、つまりは「聖人」の「自覚知」である「感じて了知すること」と解される（高崎直道『楞伽経』四巻本。中村『広説佛教語大辞典』）。

無師独悟《むしどくご》、すなわち師につかず、独自で修し悟ること、このことはブッダ自身がそうであったのだが、それに倣うのが縁覚《えんがく》（独覚）とされる。

縁覚（独覚）とは、十界《じっかい》の地獄、餓鬼、畜生、修羅、人間、天上、声聞、縁覚（独覚）、菩薩、仏界の十世界の仏、菩薩に至る前段と位置づけられている。

縁覚（独覚）は、本人のみ知る自覚なので、装うことも出来、古来「野狐禅《やこ》」として拒否されることもあり、それを防ぐため印可という証明システムで、その一つに袈裟《けさ》（伝衣《でんえ》）などがある。教団成立のためである。

しかし、そうではあるが、縁覚（独覚）は、無師独悟であり、それは「自覚聖知」にほかならない、と思われる。何故なら「凡聖等一」ということが、凡の衆生が聖・ひじりと同じで「聖知」といえようからである。他に証明することのない「自覚聖知」とは、他を欺くことのできる危うさを孕みつつ、自覚の反省の強度と得心の確信にある。本来は他への言辞のない没「公共性」といえる。アテネのアゴラは、そこにない。

そうすると「見聞覚知」と「自覚聖知」の比較では、「覚」と「知」が共にあり、「覚」（さとる）ことと「知」（しる）こと、ここから解《わか》ること（了解《りょうげ》）といえよう。少なくとも「自覚聖知」の『楞伽経』要旨は、「見聞覚知」として、『無心論』のポイントとして継承・収容されているといえそうだ。『楞伽経』は『無心論』に摂取される。その『無心論』が『二入四行論』の「理入」に相当する、と考えられる。そうすると、ジグソーパズルの欠如のピースは埋まる、といえる。『二入四行論』の前段「理入」にある「藉教悟宗」の内実が、『無心論』と『楞伽経』

で充足される。

ここに凡夫・衆生が壁観凝住することで、「凡聖等一」で、自らを覚り、寂然無為に至る。広々とからりとした空のように「廓然無聖《かくねんむしょう》」（『碧巌録』第1則）なのであろう。きれいさっぱりとしている。それは「色即是空、空即是色」の空・シューニヤにほかならない。

◆おわりに

自然災害に加えて、国際社会は、拡散したかもしれないISのテロ、旧社会主義諸国の核兵器を保有しての拡張政策、それに対するかのようにトランプ現象、EUでのブレクジッドなどのシュリンクとして、グローバリゼーションの巻き返しが見られる。

これらは、自然と共に社会がもたらす不安である。実は、もっと深い根源的な不安がある。それが、生きていること、そのことでの不安である。この〝根源的不安〟を解決しようと師・達磨に、のち許されて弟子となる二祖慧可が問う。〝心が不安で、一杯でなりません。どうか、安心を得させて下さい〟所謂、「安心問答《あんじん》」である。

師匠の達磨は、答える。〝ならば、その不安をもたらすという心を出してみなさい。〟と。〝心があるなら出してみよ〟と悩み疑いの固まりの慧可に迫る。心には、どのような相貌《そうみょう》（顔）があるのか。見つかるか。心に顔があるなら出してみよと迫る。慧可、困り答えに窮す。そこで、師匠の達磨は答える。心は無いでないか。無心でないか。心は把握すべきものとして相貌（顔）はない、体として、実体として無いでないか（五求しても無い）。

そこに働いているのが、「由為無《ユイム》の論理」とでも称すべきもので、「無心哲学」といってよいであろう。

おわりに――旅二つ

1 永平寺の旅

門前は、さすが越前・大本山永平寺という道場にふさわしく堂々としている。緩やかな坂を登り、参拝口で四〇〇円を払い、総受処《そうけしょ》というところに入る。手拭いやパンフレットを戴き、吉祥閣《きちじょうかく》という一般の参拝者むけの広い畳間に案内され・若い修行僧から説明を受ける。足を投げ出して腰をおろした長髪の男性へ正坐を求め、長髪君は素直に従う。説明者より年長と思えたし、同じくらいの年の女性を伴っていた。説明の修行者は、説明も修行という、もっともだ。食事作りの大庫院《だいくいん》の作務《さむ》も、お手洗いの東司《とうす》の作法も、清掃も修行とのこと、もっともだ。払暁の朝の坐禅で、一番のりは貫主・宮崎奕保《えきほ》禅師で今年九〇歳台で、なお、お元気との説明に誇らかなニュアンスがあり、好ましく私も内心安堵する。日本中でモラルに弛みが生じても、ここ修行道場永平寺だけは厳格さを守り続けていて、些かも誤魔化しはなく、真に信じるに足りると思われている。私もそう思う。それが、この道場の真骨頂なのだ。

厳しいこと、厳格さが難しい時代である。柔らかく易しく、優しく親切にことごとくが進む時代のようである。

教育の場もまた然り。

若い修行僧の案内説明を受けたあと、バトンタッチをした次のやはり若い修行僧が僧堂の案内に立った。そのすぐうしろに私は従った。奇妙なことにサンダルを内側へ斜めに履く修行僧だった。奇妙だったのは、この案内者ばかりでなく、行き交う修行僧同士が言葉を交わし、あたかも会社の廊下を仕事の業務連絡をしたり、おしゃべりをしていくような情景であった。

指導者風の中年修行者との間でも同じだった。

おしゃべりを慎しみなさいといった仏祖ブッダの言葉が頭をよぎる。

黙照禅と永平寺の曹洞禅はいわれている筈だと思う。これに反し、公案禅といわれる臨済禅は問題と解答からなる問答のことばによっていて、看話禅《かんなぜん》ともいわれている筈だ。ことばが大事で、多いのだ。それと対照をなす永平寺は従って黙々と一挙手一投足に励むという印象があった。そう思っていただけに予想を裏切られた思いだった。あるいは、若い修行僧もいることだから、引きこもりや神経症で修行を途中で放棄する人を防止するため声をかけ合うような運動があるのかな、とも思いめぐらした。学校と同様に、声かけキャンペーンがあるのか、それとも、黙照禅の本筋が若い修行僧の主張によって変容しているのかとも思った。しかし、そうは肯《がえん》じたくなかった。

ともかくも、私はよくそのへんのことは承知しない素人であることも確かなことである。

のちに「問訊《もんじん》」という言葉を『道元禅師語録』（鏡島元隆）で知った。道元禅師は「兄弟《けいてい》に告《つ》げ奉《たてまつ》る」としていっている。

顔を合わせたところでは、
互いに合掌し、低頭して、

作法どおりに問訊《もんじん》（挨拶）するがよい。
長く我が門下の守るべき
規則としよう。
（互いに相合掌低頭《あいがつしょうていとう》して、
如法《にょほう》に問訊《もんじん》せよ、
永く恒規《ごうき》
と為《な》さん。……原文）

同書に、〔付記〕として、この規則は、今日においても、なお永平寺に守られている恒規《ごうき》である、と。傘松閣《さんしょうかく》・大広間の天井格子二三〇枚に昭和五年当時描かれたという花や鳥の絵を見る。首がだるくなる。私はこのあとの予定があり途中で切りあげ、山門《さんもん》、仏殿、法堂、そして開祖道元禅師の御真廟《ごしんびょう》（お墓）承陽殿《じょうようでん》にお参りする。

◆いのち大切に

第一日目の七月三一日（水）の予定は、地元の群馬県高崎市からJR福井駅へ来て、永平寺に参拝し、そのあと永平寺からJR福井駅東口にあるビジネスホテルへ歩いてゆくことだった。今、永平寺の参拝を終えたので、一五時三〇分から、永平寺〜JR福井駅間の約一三キロメートルを歩いてゆくことになる。

タクシーや観光バスを尻目に、私は意気軒昂で、ザックを背に元気よく歩き出した。五分程も歩いただろうか、左手に清流があり、爽やかである。大佛寺山から下る水を貯めた永平寺ダムから九頭竜川へ注ぐ途中の川だろうか。水量は必ずしも多くはないが、大きな岩石がゴロゴロと並んでいて、洪水の溢れる水量のときも想像させた。

暫く歩いていて、道路の左右に道元禅師七五〇回大遠忌《だいおんき》と染めぬいたのぼりを目にしていた。道元禅師は一二〇〇年ちょうどに生まれ、一二五三年に没したのだから、今年が二〇〇二年なので、亡くなられておおよそ七五〇年になる。はるか遠い鎌倉時代の方なのだ。

のちに知ったのだが、西欧ではキリスト教カトリック神学の大成者であるトマス・アクィナスとほぼ同時代の人である。一二二五年生れ一二七四年没のイタリア人。日本ではアウグスティヌスがよく知られているが、トマスはアウグスティヌス（三五四―四三〇）より九〇〇年近くも後の中世最大の哲学者として知られている。二人ともギリシア哲学を援用してキリスト教神学を樹立したが、アウグスティヌスはプラトン哲学を、それに反しトマス・アクィナスはアリストテレス哲学を継承して、夫々キリスト教の哲学を固めたとされる。

日本仏教の先覚者は幾人もいるが、また鎌倉時代の仏教者も幾人かいるが、その中で仏教を哲学的に固めた一人に道元禅師がおられるのではないか。そんなことを考えているとトマス・アクィナスと、世界を東と西に分けた神学者と仏教哲学者を並べたくなり、今日のグローバルな地球の一体化を想うと、宗教哲学のどこかであり得ないものかと夢想した。まことに荒唐無稽にきこえるであろうが、トミズムと道元禅の幸福な総合と科学技術の先端の宇宙時代に、この総合が有効に一人の科学技術的人間の中に働いていることを夢みた。未来は一人一人が相応に科学技術者でなければならないが、しかし科学技術者だけでは不十分である。文学や詩やアート、そして何よりも宗教哲学的知性が不可欠ではなかろうか。そのような働きとしての幸福な総合なのである。さらに、その背後にやはり一瞬幻視したのは、エロイ・エロイ・レマ・サバクタニと最後の声をふりしぼる十字架上で血を流した方と、その背景にひたすら坐って自灯明・法灯明を瞑想するお姿だった。

道路脇の左右に「道元禅師七五〇回大遠忌《だいおんき》」ののぼりを目にしながら、なだらかな傾面道を歩き下った。さながら一連の大イベントを暗示しているかのようなのぼりの整列なのだ。

道元禅師もこの道を下ったり、上ったりされたか。どのような想いとどのような意志とをもって、この風景を眺め、空気を吸い、風をやり過ごされたか。

ふつふつと体内のあちこちからよくわからない感情が沸き出してきた。汗を時折ハンカチでふいたが不快ではなかった。汗の出る下から続けて沸き立つものがある。その大波が全身を覆ったとき、声になったか、ならなかったか、うめいた。呻きは外にほとばしり出た。歩を進めることのすばらしさを、風をやり過ごし、空気を吸い、ここにあることの呻きだった。この呻きを発するために信者は参拝するのかもしれない。私は、命を大切にという看板を目にしていた。生かされている命を大切にと。

人は病む。色々に身も心も病む。しかしながら病が癒えたとき、人はうめく。この命あることの不思議な力をわが身に感じてであろう。

道元禅師はどうであったろうか。幼少時から父母の縁がうすく、仏の道に入り「本来本法性《ほんらいほんぽっしょう》、天然自性身《てんねんじしょうしん》」なら何故に「修」の必要性があるのかの大疑念をもって、先進の宋に渡り、一風変った如浄禅師に邂逅して、身心解脱の境地に至った、という。日本に帰って、何も持ち帰ったものはないが、眼は横に鼻は直《たて》にあることを知っただけで帰ったと、いったという。空手還郷《くうしゅげんきょう》、眼横鼻直《がんのうびちょく》。眼は横にあり、鼻は直《たて》にあるのは当り前で別段とりたてていうことではない。柳は緑、花は紅《くれない》であるといっても同じである。その当り前を当り前として真にわがものとする。その困難を超えて、それを知った、覚《わか》った悟った。しかし悟ってもなお悟らねば、百尺竿頭一歩を進むこと、だから只管打坐《しかんたざ》、ひたすらに坐りつづけること悟ったら坐らなくてよいようなものでない、という。修証一如。

身心脱落という、わが身と心が脱け落ちること。自己に注目し、自己を習い、自己を忘れることで世界すべての個々が自己を証明し、マンダラ世界が現出し、円現してゆく、円相。そこでは、わが身と心はぬけ落ちる。無という。我は色メガネをとり、あるがままを見ている。小さな我は、別の大きな我となって、我もまたそれにふさわしい我になっている。

世界は変る。本来の姿を少なくとも自己一身の前ではとり戻し、それ以前と世界は変る。

だが、道元の前で世界は変っていただろうか。すぐに腐敗する人のこころは正しく厳格に継承しなければ仏祖正伝の、師如浄の衣鉢《いはつ》をつげない。厳しくあることは正しくあるために不可欠なのだ。優しくあることは、権力に絡《から》めとられ心はコロコロと転がる。それゆえ権力中枢の京都から遠く離れた越前の山に道場を開いた、か。強くあらねば、厳格であらねば、と道元禅師は一人ごつ。屹立《きつりつ》ゆえの孤絶そして苦しい独語。

ハンカチで汗をふきながら、私は歩き続ける。一陣の風をやり過ごす。うめくような命の沸き立つ胸と、目に涙を感じる。私ははるばる高崎から福井まで来た甲斐があったと思う。そして何度私たちはこの想いを味わい、味わって百尺芋頭一歩を進めてゆくのだろうか。道元禅師が「只管打坐」と言い続けたのと同様に、私たちの「只管打歩」は続くのではないか。「サイの角のように独《ひと》り歩め！」（『スッタニパータ』）。そういうはるかインドからの風音をききながら。

2　ガンジス河の流れのほとりにて

インドは人類の奇跡に近い。ここで奇跡とは、人類がもち得るにしてはたぐい希なるありようのことである。人類の多くは、端的に金銭、富、財産さらに権力、地位、そして名誉を求めるといってよいであろう。衣食住の充足、そのハイレベルでの満足と人に優越し人を指揮する権力はやがて、金と力のみで購えない名誉を求めるのが通例である。そして若干の慣習となり、形骸化した信心もあるかもしれない。経済のグローバリズムに洗われた二一世紀人類の殆どのありようである。

インドは亜大陸といわれるように広く、日本の約九倍の面積をもち、人口は一〇億人（超）を擁する大国で、一様に律することは全くといってよいほど、できないのだが、しかしここで「人類の奇跡に近い」というインドは、主にガンジス河のほとりにある古都、ベナレスのことを指している。

ベナレスは、ガンジス河の二本の支流であるヴァルナ河とアッスイ河の合流した所として命名された。ベナレスは英語を日本風に発音したもので、インドのヒンディー語ではバラナスイ、またはバナラスイといい、今日ではヴァラナシ、またはワーラーナシーが多く使われるようである。

ベナレスは、今から二五〇〇年ほど前に、即ち紀元前五世紀すでに歴史家が記録する古い街である。アテネが強大になり、ユダヤ人の捕囚がエレサレムからバビロニアのネブカドネザル二世によって連れ出された時代に相当する。

ミルチア・エリアーデも大著『世界宗教史』のなかで、ガンジス河文明の精華を同時代のギリシアと比肩し得るとして、次のように記す。「インドのガンジス川沿岸では、宗教的な活動においても、哲学的な活動においても豊かな時代を経験したが、これはまさに同時代のギリシアで花開いた精神文化の全盛時代に比較しうるものである」と（『世界宗教史』3、島田裕己訳、一一五頁）。

古代ギリシアのアテネで文化が栄え、バビロンの捕囚があった時代に、ガンジス河文明の精華をもたらした古都ベナレスは、またその国名からカシーとも呼ばれた。

当時のインドには、一六大国があったが、その一つがカシーである。因みにいえば一六大国の一つコーサラ国に属していたカピラバストゥというネパール地方のシャーキャ（釈迦）族の小国の王子として誕生したのがブッダである。

カシーとは、「光を放つもの」即ち「放光」の意味で、ガンジス河に一筋の光がご来光としてさし始める朝明けを表現したものであろう。ベナレスはそのご来光の地に相当するところから、カシーという別名をもつ。

ところが、神話による異説では、シヴァ神が光輝く柱となり照したことからベナレスはカシーと呼ばれるようになったという。シヴァ神が光輝く柱になったのは、あるとき、ブラフマン神とヴィシエンヌ神が口論となり、その口論を止めるためだったという。ブラフマン神は創造神で、ヴィシエンヌ神は維持神で、創造（梵）か維持（太陽）かの口論で、シヴァ神が分け入り、シヴァ神は破壊と再生の二つの役割をもつに至る。ヒンドゥー教の三神だが、のちの仏教には、「生・住・滅」として影響し、ブッダは維持神ヴィシエンヌの化身とされる。口論に分け入ったシヴァ神は光輝く柱になったが、これは端のないエンドレスのポールで、リンガと呼ばれ、男根の象徴とされる。またシヴァ神は両性具有ともされ、女性の力を表わすシャクティ即ち円形の受け皿の上にリンガが縦に立てられた姿でも象徴される。生命の再生である。

ガンジス河の流れに身を浸すヒンドゥー教徒は、この夜明けを待ち、水を両手であるいは容器ですくい上げ、高く掲げ、その水を流れに戻す。早朝の厳粛な儀式である。

髪を洗い身を洗い、即ち沐浴をして、この水で罪を洗い流す。口に含み、プール代り、生活用水にしながらも、聖水として持ち帰る。

私は、恐る恐るボートの上から指で、その水の感触を確かめた。まとわりつく、まろやかな生温かさだった。あたかも高級酒のブランデーや大吟醸酒を想わせた。

ヒンドゥー教徒はインドの人口一〇億のうち八二％を占めるという。インド人の殆ど八割がヒンドゥー教徒であるということは、インド人の生活がヒンドゥー教徒の生き方に沿うことである。従って、インド人にとって朝早く起きる人は、早朝の儀式を行なうよい人であり、遅く起きる人は不信心の悪い人であるとされる。ガイドのヒンドゥー教徒であるナレシュ・サリンさんが、そう教えてくれた。

早朝でヒンドゥー教徒が、水をすくいあげ、高々と掲げることには、まず顔を出した太陽へ、謝すること、感謝があると私は思う。それまでの暗闇のままであったかもしれないという底知れぬ根源的な恐怖が、そこにはあり、その恐れからお顔を仰ぐことで解放され安息して、感謝すると思うからである。この意味で、まずは「感謝」があり、その後に「祈り」があって、両者は区分した方がよいとひとまず私は考える。

たしかに、この人たちの中には、ガヤットリ・マントラを唱える人もいる。「御身の光輝が私達の心を照らして下さいますよう祈ります」と。この祈りはリグ・ベーダの祈りの言葉で、「リグ・ベーダ」は紀元前一二～一〇世紀頃に成立した賛歌で、古代インドのバラモン教の根本聖典ではあるが、アーリア人が持ち込んだ新しい宗教思想とされ、ベナレスにはそれ以前からの先住民がいたとされる。先住民はアーリア人に征服されながらも土着の民間信仰を根強く持ち続けていた。

その民間信仰を持ち続けた先住民は誰か。現在、歴史家はその先住民をドラビダ人であっただろうと確定しないまでも否定はしない。ドラビダ人とは、インダス川（インド（india）はこの川名による、という。中村元『古代インド』二〇頁）の文明の遺跡とされるハラッパーやモヘンジョ・ダロの繁栄をもたらしたドラビダ文化の担い手でその特色にヒンドゥー教の大神シヴァの原型（パシュ・パティ）やリンガ崇拝（性器崇拝）があり、またシヴァの乗り物の雄牛尊重、ボダイ樹（bo tree）崇拝なども関連強化の証拠とされている。

ということは、インダス文明の担い手であったドラビダ人の文化は、征服者アーリア人のバラモン教の表面には現われなかったが、長い年月を経て、先住民の民間信仰として、ヒンドゥー教の中に脈々と生き続けてきたといえる（辻『インド文明の曙』一八八頁）。

カシー（ベナレス）はもともと非アーリア人の神、シヴァ神の街だったのだ。

しかも、ドラビダ人にはインドで南下を余儀なくされたドラビダ語族の一つである、タミル語を話すタミル人が現在五〇〇〇万人ほどいる。スリランカにも三七〇万人ほどいる。このタミル人のタミル語に、日本語のルーツがあるのでないかと主張するのが、タミル語起源説の大野晋《すすむ》『日本語の起源』などによる研究である。この研究はイギリス人、コールドウェルの一八五六年の大著発表以来四人目の研究者になると自己規定する（二八頁）。

基層言語の基本単語（カミ・アメ・アハレ等）や文法も共に南インドに起源をもち、タミル人は日本に渡来したとも大野晋はいう（二二七頁）。もし、そうだとするとインダス文明、ヒンドゥー教は日本文化の底流に一部にせよ共通部分を探ることが可能となる。歌われる〈遠き島より流れ寄る椰子《やし》の実一つ〉（島崎藤村）は柳田国男の『海上の道』を連想させるが、この説のとおりだったとすると、思っていたよりはるかさらに遠くへとイメージを引き伸ばす必要があるのではなかろうか。

大野晋『日本語の年輪』には、「一つの仮説として〈日本語の成立〉（系統でない）を縄文式時代に日本の西南部に行なわれていたものが、弥生式文化によって圧倒され、下敷にされ、社会の下層へと追いやられたものなのではなかろうかと思う」（一九二頁）とある。

草原の中央アジアからインダス川上流のパンジャブ地方に侵入し、のちガンジス河にも征服の歩を進めたアーリア人は、バラモン教を成立させ、カースト社会を形成した。しかし、カースト社会を否定し、バラモン教を否定し、カルマ（業）のサンサーラ（輪廻）からモークシャ（解脱）への思想など一部摂取をしながらも、ブッダが出現する。そこには、非アーリア人のシヴァ神によるベナレスとは別のもう一つのガンジス河文明の精華があった。ところが、現在のインド仏教徒は僅か〇・七％の息も絶え絶えなのは周知のとおりである。

八割の圧倒的な信者を擁するヒンドゥー教とバラモン教に関しては「バラモン教からヒンドゥー教への移行は、はっきり区切れない」し、また神々の同化現象は「今日でも依然進行中の現象である」（エリアーデ『世界宗教史』3、六二頁以下）。

今日、インドの人口構成は、インド・アーリア系七二％で、ドラビダ系二五％などとなっている。そうでありながら依然として、根底にはヒンドゥー教のカシー（ベナレス）があるといってよい。

そこで朝明けのガンジス河（ガンガー）で水をすくいあげる人には、バラモン教のリグ・ベーダの一つであるガヤットリ・マントラで太陽に「祈る」人もいようが、しかし、暗闇から光をもたらし戴いた、その心根にはまず「感謝」することがあると思われると先に述べた。「感謝」の後に「祈る」（「祈念」）があり、前後は不可逆でなかろうか、とした。

「感謝」とは恵み（Grade）に対するお礼であって、収穫祭（農神《のうがみ》への感謝）、サンクスギビングデー（感謝祭）、カーニバル（謝肉祭）などとして今日もある。時間論的には今の現在においてあることの心の表白で、それはないものだったかもしれない、だがそうではなかった「恵み」への応答である。

仮に未来に核戦争が起きたとしよう。規模にもよるが大規模だったとすると、多くの人類は死滅する。僅かに残った人がいるとすれば、地下壕などの地下生活者となろうか。そうだとすれば、生き延びた避難生活者は、地上に様子を見に出たとき何を感じるか。有り難き中での感謝ではなかろうか。闇から出ての陽光を浴びる感謝ではないか。

この日の目を見ることは、ベナレスをカシーとも呼んでからの人類の一貫した思想《メモリー》でなかろうか。二一世紀は幸い有り易い。そうであればこそ、その反対を表わす有り難きことの忘却を恐れなければならないのでなかろうか。メメント・モリ（死を想え）がメメント・ビベレ（生を想え）になる変奏曲といってよいかもしれない。

一般に軽量化して流通する「ありがとうございます」や「サンキュー」「ダンケ」「メルシー」それに現地ヒンディー語での「ダンニャワード」等のお礼の言葉に通底していることであろう。

お礼言語に通底している根源的な時間は、原始の自然に明らかで、道元は「前後際断」と捉え、波多野精一は「自然的時間性」と捉え、ボードレールは「至るところ荒磯《ありそ》あり」と捉えたと思う。いわゆる実存的思想家には他に幾つも類似表現がある。

他方、「祈念」とは、祈願で請い願うことで、雨乞い、罪の許しを願うことなどであり、時として災いを招くよう呪うことでもあったりする。幸福、災厄ともに切に乞い願うことであるが、時として虫がいい黒呪術（ブラックマジック）であったりもする。

時間論的には、未だ至らない、これから将来するものとして、かくあれと祈り念ずることといえよう。祈念は未来への期待表白である。未だ救われていないが、救われたいと願う歩みのいわゆる救済史観も、この延長線上にあるであろう。その世俗化した、日々イノベーションを積み重ねる発展史観すなわち今日圧倒的な力をもつ進歩、発展を願い、疑わずに歩み努め邁進する生活も、これである。

この救済史観ないし発展史観も貧困撲滅のような働きもあり一概には律せられない。

しかし、大体において経験的・功利的なプラグマテックな傾向で、往々にして競争原理をとり入れるため優勝劣敗の社会となりがちである。

世界の歴史は、この強者が勝ち弱者が敗ける事例にこと欠かない。後進地域に進出した列強の植民地支配、日本もそれに加担しながら敗北の地にまみれた。現在の世界もほぼ同様に動いているリアリティの認識は欠かせないことの一つである。

また、限定した日本社会の中でも、優勝劣敗は、勝ち組、負け組などとわかり易い表現で経済のグローバリズムを如実に反映している。セーフティネットをどのように張り、私たちの社会にふさわしい経済、社会制度を整えるかが課題とされもする。

ともあれ、「感謝」と「祈り」は、哲学、キリスト教、仏教などで、その概念は異る。しかし一般に宗教では、「感謝」は（神に、キリストに）負う恵み、恩恵への応答であり、（仏に、他者に）生かされていることに謝することであり、他方の「祈り」は、願うことで広くは交りの手段、人格的交通である。かつ「感謝」をここに含ませることもある。

ただ、ここで注意したいのは、日本の奈良平安仏教が国家、天皇、貴族の加持、祈禱で超自然的な力に加護を願う方へ傾き、また、旧約世界、カトリック世界が、神の賛美に傾いたことである。しかし、それらは新約世界、パウロにより、また鎌倉仏教により否定され内省化される。この内省化された前後の順序を問いたいのである。「感謝」があって「祈り」があり、「祈り」があって「感謝」があるのではない、と。

ベーダ神話で、最高神にして英雄神、雷霆神のインドラは悪魔即ち「黒い人」（原住民のドラビダ人か。中村『古代インド』五三頁）などを退治して、人間世界に待望のご来光と聖なる水をもたらしたと讃えられる（『リグ・

ヴェーダ讃歌』辻訳、一四九頁）。

一方、ヒンドゥー教では、創造神であるブラフマ神（梵）にバギラータ王が願い出て、シヴァ神などの協力を得てガンジス河を流してもらったと伝える。

ここにはインドラ神の歴史的支配の勝利を讃える戦勝譚に対して、ブラフマ神の宇宙的、形而上学的解明を讃える昔日譚があるといえよう。

戦勝譚は「祈り」に満たされ、昔日譚は「感謝」に満たされているのは明らかである。

最後になりましたが、北樹出版と編集に当った古屋幾子さんにお礼申し上げます。お世話になりました。

また、高崎中央図書館と群馬図書館には長年にわたり研究室として使用させて頂き、記して感謝申し上げます。

二〇二三（令和五）年八月

側《がわ》瀬《せ》　登《のぼる》

［引用文献］

アリストテレス『形而上学　上』出隆訳、岩波文庫、一九五九年
アリストテレス『自然学』アリストテレス全集3、出隆・岩崎允胤訳、岩波書店、一九六八年
ウィルキンソン『世界の神話伝説図鑑』井辻朱美監修、大山晶訳、原書房、二〇一三年
江島恵教「大乗仏教における時間論」三枝充悳編『存在論・時間論』講座・仏教思想第1巻、理想社、一九七四年
エリアーデ『世界宗教史3』島田裕巳訳、ちくま学芸文庫、二〇〇〇年
大野晋『日本語の年輪』新潮文庫、一九六六年
大野晋『日本語の起源』岩波新書、一九九四年
桂紹隆・五島清隆『龍樹「根本中頌」を読む』春秋社、二〇一六年
側瀬登『ニーチェのニヒリズムと超人』驢馬出版、二〇〇〇年
側瀬登『時間と対話的原理――波多野精一とマルチン・ブーバー』晃洋書房、二〇〇〇年
側瀬登『時と我――道元とデカルトの哲学』北樹出版、二〇一六年
側瀬登「達磨の無心哲学と行為理論――その今日的意義と敦煌文書の再構成」法政哲学会『法政哲学』第一四号、三五～四六頁、二〇一八年
三枝充悳『縁起の思想』法蔵館、二〇〇〇年
三枝充悳『インド仏教思想史』講談社学術文庫、二〇一三年
佐々木現順『仏教における時間論の研究』清水光文堂、一九七四年
佐保田鶴治『ウパニシャッド』平河出版社、一九七九年
シャトレ『哲学史Ⅰ　ギリシア哲学』藤沢令夫監訳、白水社、一九七六年
鈴木大拙『禅と日本文化』北川桃雄訳、岩波新書、一九四〇年
鈴木大拙『禅思想史研究　第二――達摩から慧能に至る』鈴木大拙全集第二巻、岩波書店、一九五一年

ダライ・ラマ14世テンジン・ギャツォ『ダライ・ラマの「中論」講義――第18・24・26章』マリア・リンチェン訳、大蔵出版、二〇一〇年
辻直四郎『インド文明の曙――ヴェーダとウパニシャッド』岩波新書、一九六七年
辻直四郎『ウパニシャッド』講談社学術文庫、一九九〇年
中村元『インド古代史　上』中村元選集第5巻、春秋社、一九六三年
中村元『ゴータマ・ブッダ――釈尊の生涯　原始仏教第1』中村元選集第11巻、春秋社、一九六九年
中村元編『大乗仏典』平川彰訳、筑摩書房、一九七四年
中村元『龍樹』講談社学術文庫、二〇〇二年
中村元『古代インド』講談社学術文庫、二〇〇四年
中村元『広説佛教語大辞典』東京書籍、二〇一〇年
ニーチェ『ツァラトゥストラかく語りき』(Kröners Taschenausgabe Band78)
日本語学会編『日本語学大辞典』東京堂出版、二〇一八年
信太正三『永遠回帰と遊戯の哲学――ニーチェにおける無限革命の論理』勁草書房、一九六九年
早島鏡正『ゴータマ・ブッダ』講談社学術文庫、一九九〇年
平川彰『インド仏教史　上巻』春秋社、一九七四年
廣川洋一『ソクラテス以前の哲学者』講談社学術文庫、一九九七年
ブラック『プラトン入門』内山勝利訳、岩波文庫、一九九二年
ボンヌフォア編『世界神話大事典』金光仁三郎主幹・安藤俊次ほか訳、大修館書店、二〇〇一年
増谷文雄・梅原猛『知恵と慈悲〈ブッダ〉』仏教の思想1、角川文庫ソフィア、一九九六年
松本史朗『チベット仏教哲学』大蔵出版、一九九七年
水野弘元『仏教の基礎知識』春秋社、一九七一年
ヤスパース『歴史の起源と目標』ヤスパース選集9、重田英世訳、理想社、一九六四年

泰本融「空ということ」、結城令聞ほか編『講座仏教　第1巻（仏教の思想　第1）』大蔵出版、一九五九年
柳田聖山責任編集『禅語録』世界の名著18、中央公論社、一九七八年
柳田聖山『ダルマ』講談社、一九八一年
山口益『般若思想史』ワイド版、法蔵館、一九九九年
ルノワール『仏教と西洋の出会い』今枝由郎他訳、トランスビュー、二〇一〇年
S. Radhakrishnan: Indian philosophy vol. I, London: George Allen & Unwin, Ltd., New York: The Macmillan Co., 1923.

『リグ・ヴェーダ讃歌』辻直四郎訳、岩波文庫、一九七〇年
『ブッダの真理のことば・感興のことば』中村元訳、岩波書店、一九七八年
『ブッダ・チャリタ（仏陀の生涯）』大乗仏教13、原実訳、中公文庫、二〇〇四年
『パルメニデス　ピレボス』プラトン全集4、田中美知太郎訳、岩波書店、一九七五年
『饗宴　パイドロス』プラトン全集5、鈴木照雄・藤沢令夫訳、岩波書店、一九七四年
『エピノミス（法律後篇）書簡集』プラトン全集14、長坂公一・水野有庸訳、岩波書店
「ウパニシャッド」『バラモン教典／原始仏典』世界の名著1、中央公論社、一九六九年
「ヨーガ根本聖典」『バラモン教典／原始仏典』世界の名著1、中央公論社、一九六九年
「第七書簡」長坂公一訳、田中美知太郎責任編集『プラトンⅡ』世界の名著7、中央公論社、一九六九年
「タパスの歌」高崎直道「ウパニシャッドの哲学」宇野精一・中村元・玉城康四郎編『講座・東洋思想1』東京大学出版会、一九六七年

著者紹介

側瀬　登（がわせ　のぼる）

1942 年（昭和 17 年）　北海道に生まれる
1974 年　法政大学大学院・博士課程哲学専攻修了
1971 － 93 年　法政大学指導講師（インストラクター）
1985 － 94 年　法政大学講師
1973 － 1996 年　群馬県立高等学校・教諭
－ 2002 年　特別支援学校・教頭
2009 － 2015 年　国立群馬工業高等専門学校講師
高崎市在住
〔著書〕
『ブーバー・哲学と教育思想』（八千代出版）1981 年 12 月
『時間と対話的原理・波多野精一とマルチン・ブーバー」（晃洋書房）
2000 年 11 月
『ニーチェのニヒリズムと超人』（驢馬出版）2000 年 12 月
『時と我・道元とデカルトの哲学』（北樹出版）2016 年 1 月ほか

禅と輪廻—— 達磨の無心と安心 ——

2023 年 11 月 10 日　初版第 1 刷発行

著　者　側　瀬　　登
発行者　木　村　慎　也

・定価はカバーに表示　　印刷／製本　モリモト印刷

発行所　株式会社　北樹出版

〒 153-0061　東京都目黒区中目黒 1-2-6
電話(03)3715-1525(代表)　FAX(03)5720-1488

ISBN 978-4-7793-0716-4
（落丁・乱丁の場合はお取り替えします）